Insumisos

Insumisos

*Un matrimonio mixto en la
Sudáfrica heredera del* apartheid

José Carlos Rodríguez Soto

editorial

MUNDO
NEGRO

© Editorial Mundo Negro, 2025
C/ Arturo Soria, 101. 28043 Madrid
Tel.: 91 415 24 12
E-mail: edimune@combonianos.com
www.edimune.com

© José Carlos Rodríguez Soto, 2025

Corrección de estilo y ortotipográfica: *Javier Fariñas Martín*
Diseño y maquetación de *José Luis Silván Sen*

ISBN: 978-84-7295-303-1
Depósito legal: M-21514-2025
Imprime: Gráficas Dehon
Impreso en España - Printed in Spain

«Haceos esta pregunta: "¿He hecho todo lo que está a mi alcance para lograr una paz y una prosperidad perdurables en mi ciudad y en mi país?"».

Nelson Mandela

ÍNDICE

Prólogo

La historia narrada en este libro transcurre durante y después del régimen del *apartheid*. Desde 1948, el Partido Nacional de Sudáfrica, que representaba a la población blanca y había ganado las elecciones, montó un sistema de gobierno fundado en la segregación racial de forma dominante y despótica contra la población negra. En las elecciones solo habían votado los blancos. Era el inicio de un largo camino represor que empezaría a ver su fin en 1990, cuando Nelson Mandela, que llevaba 27 años en la cárcel, fue liberado por la presión internacional y para evitar consecuencias peores de la cadena perpetua a la que fue condenado en 1962.

Con Mandela en la calle, empezaron tres años de duras negociaciones, entre 1990 y 1993, donde en algún momento se tambaleó la esperada paz social y el fin del régimen del *apartheid*. Pero el 27 de abril de 1994, tras unas elecciones democráticas con una amplia participación de la sociedad sudafricana, Nelson Mandela, el que había sido prisionero número 46664, pasó a ser el primer presidente negro de Sudáfrica.

Esta es una breve referencia histórica para ubicar, entender y valorar la historia contada en este libro. Entre las infinitas leyes y prohibiciones que estableció el régimen del *apartheid* se encontraba la prohibición de las relaciones matrimoniales y sexuales entre personas blancas y no blancas. También se estableció la separación geográfica habitacional y laboral, con lo que las familias quedaban divididas y se restringió el uso de servicios públicos, tales como el acceso a hospitales, transporte público, mercados y lugares de ocio. Todo estaba perfectamente codificado.

La hechos descritos en este libro sobre Phillip Pare y Hazel Madihlaba empezaron a tomar cuerpo en 1995 cuando los dos coincidieron en las aulas de la Universidad de Limpopo. ¡Feliz casualidad! Con anterioridad se habían conocido en la misión católica de Nuestra Señora del Rosario en Glen Cowie (Limpopo), donde Hazel era la secretaria de la misión y en la que el joven Phillip prestaba su ayuda voluntaria como informático en los años en los que llegó hasta allí el primer ordenador, que en algunos momentos –y por falta de electricidad– tenía que funcionar con un generador eléctrico de gasolina.

En esta fecha, el *apartheid* ya había sido abolido, pero quedaba todavía en muchos corazones una segregación racial que intranquilizaba muchas conciencias que no habían superado el hecho de ver juntos a una mujer negra con un hombre blanco o viceversa. La ley lo admitía, pero la sociedad caminaba más despacio y necesitaba tiempo y testimonios vivos para hacer creer que era posible una convivencia intima, profunda y comprometida como un matrimonio.

Decía el mismo Mandela: «En el curso de mi vida me he dedicado a la lucha del pueblo africano. He combatido la dominación blanca y he combatido la dominación negra. He promovido el ideal de una sociedad democrática y libre en la cual todas las personas puedan vivir en armonía y con igualdad de oportunidades. Es un ideal por el que espero vivir, hasta lograrlo. Pero si es necesario, es un ideal por el que estoy dispuesto a morir». El testimonio de Hazel y Phillip aquí recogido es el cumplimiento de estas palabras del gran líder sudafricano. La evidencia, la constancia y los valores cristianos de este matrimonio han hecho posible que el sueño de Mandela y de tantas personas de bien se vea realizado. El libro narra la sucesión de eventos que enriquecen el sentido común de una sociedad multirracial, libre y positiva.

A Hazel y Phillip los declaramos «insumisos», como reza el título de este libro, porque en su juventud tuvieron que luchar contra la lacra social del *apartheid*. Phillip se negó a realizar el servicio militar. Hazel luchó en el ambiente donde se crio para ser una mujer reconocida, respetada y con preparación. La historia aquí narrada llega a su cenit cuando contraen matrimonio en la iglesia parroquial de la misión de Glen Cowie el 13 de abril de 1996 y entran a formar parte de este 1 % de matrimonios mixtos que hay en Sudáfrica.

Doy testimonio con el prólogo de este libro que lo aquí narrado es un claro reflejo de la calidad humana de este matrimonio sudafricano, que abren su corazón y las puertas de su casa a los lectores de nuestra Editorial Mundo Negro. Con la historia de sus vidas nos ofrecen lo mejor que tienen. Los conozco antes de que contrajeran matrimonio y confirmo su coherencia de vida, su testimonio cristiano y su preocupación por crecer juntos como familia. Su implicación en las diferentes parroquias donde han vivido confirman que han sabido construir su casa y su relación matrimonial sobre la roca sólida de la fe en Jesús (Mt 7, 21-29)

Expreso aquí un profundo agradecimiento a nuestro amigo, colaborador en MUNDO NEGRO y autor de este libro, el periodista José Carlos Rodríguez, que viajó a Sudáfrica para seguir de cerca los lugares donde crecieron Hazel y Phillip, sus familias, los ambientes que frecuentan y también, como queda reflejado en el libro, los *braais* ('barbacoa' en afrikaans), en torno a los cuales recogió suculenta información y que hicieron pasar a los tres ratos muy agradables.

El feliz matrimonio de Hazel –*Kgetŝa,* tal como se la conoce familiarmente entre los pedis– y Phillip es un punto de referencia en una sociedad agitada por el fenómeno multirracial que tanto inquieta a unos y da esperanza a otros. Es, simplemente, un monumento a los valores familiares, a la convivencia multiétnica y una lección de humanidad que nos hace dar las gracias a los protagonistas de este libro por dejar en nuestras manos un testimonio tan vivo y convincente. Gracias.

P. Jaime Calvera
Director Editorial Mundo Negro

Capítulo 1

Decisiones cruciales

«El Estado sudafricano ha creado relaciones deformadas y atrofiadas entre seres humanos».

J. M. Coetzee

–¡Moriremos por Sudáfrica!

–¡Más alto, que no se os oye!

–¡¡Moriremos por Sudáfrica!!

Las voces de los jóvenes reclutas resuenan firmes en la amplia explanada del campo militar de Kroonstad, en el Orange Free State. El sargento, un hombre alto de mediana edad, de facciones firmes y gesto duro, luce un cuerpo atlético modelado a base de muchas horas de gimnasio. Tocado por una boina verde, está enfundado en un uniforme del mismo color impecablemente planchado y calzado con botas negras que lucen el brillo de un betún inmaculado. Parece sacado de una escena de *La chaqueta metálica* o alguna película semejante en la que un gigantón vestido de verde grita hasta desgañitarse a un grupo de reclutas jovenzuelos con el pelo rapado casi al cero, como si estos fueran sordos. Pero los chicos que profieren las patrióticas respuestas no son marines norteamericanos, sino ciudadanos de la República Sudafricana. O, mejor dicho, los afortunados de la minoría blanca que, en el año 1980, cuando tiene lugar esta peculiar escena, eran considerados como ciudadanos de pleno derecho según la legislación vigente entonces en el país.

Phillip Pare es uno de ellos. Es un joven de origen británico y no es el único cuya lengua materna es el inglés. Entre los reclutas hay una variedad de orígenes. Algunos, como él, son nietos, bisnietos o tataranietos de inmigrantes llegados de Inglaterra, Gales o Escocia, sobre todo durante el siglo XIX. Otros son afrikáners, o bóeres, como también se conoce a los descendientes de los primeros colonos holandeses que arribaron a las costas de Ciudad del Cabo hacia finales del siglo XVII. Hay también algunos jóvenes de origen portugués y de diversos países de Europa del Este. Los instructores, como el sargento, son todos afrikáners, sin excepción. Las órdenes se dan –o, sería mejor decir, se vociferan– exclusivamente en su lengua, el afrikáans, una derivación del neerlandés antiguo. Su fonética, con abundantes sonidos secos y aspirados, parece hecha a medida para dar órdenes en un ambiente castrense dominado por una férrea disciplina.

Reclutas e instructores, sea cual sea su origen, tienen un rasgo en común: son blancos. El servicio militar, obligatorio en aquellos años, estaba destinado exclusivamente para ellos.

Los negros, la mayoría de la población, probablemente el 80 por ciento, o tal vez algo más, no eran llamados a filas. Tampoco los mestizos, o *coloured*, como son conocidos en Sudáfrica, descendientes de antiguos esclavos malayos o de padres de orígenes diversos, cuya representación ha estado siempre en torno al ocho por ciento del total de la población. Ni los indios, que representan un porcentaje algo más bajo. Todos ellos, excluidos del Ejército nacional, tienen un rasgo en común: son no blancos.

En 1980, la vida en Sudáfrica, regida por el sistema del *apartheid*, establecía muy bien la separación entre ambos grupos y el comportamiento que se esperaba de ellos. Cada uno sabía lo que podía hacer y lo que estaba prohibido, dónde podía ir y dónde no, dónde pernoctar y dónde no, por qué puerta entrar a la oficina de Correos o a una clínica, en qué playa bañarse y en cuál no, en qué medio de transporte viajar, qué comprar y de qué persona enamorarse y de cuál no... Todo ello dependía de su clasificación.

–¿A quién amáis por encima de todo?

–¡A Sudáfrica!

El sargento, que supervisa la carrera al trote de los reclutas por el patio bajo un sol de plomo, no se cansa de repetir su cantinela.

–¿Estáis dispuestos a morir?

–¡Sí, señor! ¡Estamos dispuestos, señor!

–¿Morir por quién?

–¡¡¡Por Sudáááááfricaaaa!!!

Phillip Pare escucha las preguntas y repite lo que se espera de él. Podía gritar mucho más alto, pero, por alguna razón que solo él conoce, se abstiene de hacerlo. De aspecto dócil y amigable, no es necesario ser muy perspicaz para darse cuenta de que es un hombre tranquilo al que no le gustan las estridencias. Tiene 22 años y hace pocos meses que se graduó, con excelentes calificaciones académicas, como ingeniero especialista en Electrónica por la Universidad de Ciudad del Cabo. Mientras marca el paso siguiendo al compañero que le precede, recuerda muy bien aquel día de diciembre de 1979, vestido con los ropones negros junto con sus compañeros mientras entonaban el *Gaudeamus igitur*. Educado en las escuelas más exclusivas de su ciudad natal, como correspondía a su origen, nada más comenzar los estudios universitarios se dio cuenta de que estaba más que preparado para ser ingeniero, una inmensa satisfacción para un apasionado de la electrónica como él. La fortuna siguió siendo su fiel compañera de viaje cuando, a las tres semanas de terminar sus estudios, ya tenía en sus manos una oferta firme de empleo en la Atomic Energy Board, la agencia de energía nuclear sudafricana, en Pretoria.

Pasaron pocos meses antes de que le llegara la carta con el sello del Ministerio de Defensa para incorporarse a filas. El servicio militar era obligatorio para todos. Para todos los blancos.

Phillip ha oído muchas veces a algunos amigos con los mismos orígenes que él que las Fuerzas Armadas sudafricanas están dominadas por oficiales afrikáners y que los ciudadanos con origen británico son sometidos a un tratamiento severo, que sufren acoso y tienen que soportar insultos durante los entrenamientos, dirigidos por personajes como el gigantón que lleva dos horas gritando como un descosido. Uno de sus antiguos compañeros de colegio, Tony Hardings, quien años después sería un conocido sociólogo y activista político *antiapartheid*, le ha susurrado que no olvide que las heridas de las guerras anglo–bóeres siguen abiertas, casi 80 años después, a pesar de tantos intentos de reconciliación política. Phillip, sin embargo, parece hecho para soportar todo lo que haga falta. Es tolerante e incluso es posible que peque de ser demasiado benévolo. Quizás por eso, años después diría que, si hubo acoso en los cuarteles contra los sudafricanos británicos, «no fue mi caso».

Phillip lleva tres meses en el campo militar y le alivia pensar que ya le queda poco para abandonarlo. Ha recibido una instrucción básica en el manejo de armas, con prácticas de tiro, montaje, desmontaje y limpieza del fusil. Le han enseñado a desfilar, a atacar y defenderse, a avanzar por terrenos accidentados o embarrados... Nada de eso parece interesarle. Habla muy poco –el ambiente del cuartel no invita a expresar en libertad las ideas propias ni a hacer preguntas que podrían resultar inapropiadas–, pero en su interior no deja de cuestionarse a qué se refiere el sargento cuando habla de amar «a Sudáfrica» o de morir por ella. Está convencido de que la patria la forman las personas que viven en el territorio. Hay muchas cosas que no le cuadran y que le roen por dentro, sobre todo cuando se pregunta por qué en la patria de la que le hablan no caben todos los habitantes de su país. Hay algo enigmático en su forma de mirar, de hablar y de comportarse, como si viviera en otro mundo, ausente del ambiente en el que se encuentra.

El servicio militar duraba dos años completos, pero en su caso, al tener un puesto de cierto nivel en una agencia de importancia capital, dedicada al desarrollo de la energía nuclear, Phillip podía acogerse a algunos privilegios. Después de aquellos tres meses de instrucción básica y otros 18 en un taller militar de electrónica, durante los cuales había seguido recibiendo el salario de la agencia, podría seguir realizando su trabajo con tranquilidad y reengancharse al Ejército un mes al año durante una década. Este programa no interrumpía su vida profesional ni sus posibilidades de promoción. Ni siquiera su vida familiar si decidía casarse. Parecía una rutina bastante cómoda y se adaptó a ella sin mayores problemas. Un año después, volvió al cuartel para servir el mes que le correspondía... Y al otro. Y también al siguiente.

Pero cuando le tocó volver el quinto año, contra todo pronóstico, tomó una decisión que cambiaría por completo el rumbo de su vida. Al hacerla pública, dejó a sus familiares y amigos boquiabiertos.

* * *

Año 1980. Mientras Phillip aprende a cargar su fusil y a atacar a un enemigo imaginario, a muchos kilómetros al norte de allí, una muchacha de 17 años sueña con ser diseñadora de moda. Se llama Hazel, aunque en su familia todos la conocen como Kgetsa.

Hazel vive en un pueblecito de la provincia de Limpopo llamado Leeuwkraal, que en lengua afrikáans quiere decir 'el recinto del león'. Llama la atención la sustitución —imposición cultural sería una forma más adecuada de llamarla— que hicieron los bóeres en Sudáfrica de los nombres autóctonos por nuevas nomenclaturas en afrikáans. Así, uno se encuentra, por poner algunos ejemplos, con Bloemfontein, Bronkhorspruit, Lydenburg o Pietermaritzburg en lugares que antes se llamaban con nombres xhosa, sotho o zulú.

Leuuwkraal es una localidad habitada por gentes de la etnia pedi, una de las nueve principales comunidades negras de Sudáfrica. Hazel ha frecuentado a duras penas las aulas del complejo escolar de Photohlogwana. Durante seis años ha realizado a diario, a pie, el trayecto entre su pueblo y la escuela, una distancia de algo más de dos kilómetros de ida y otros tantos de vuelta que la dejaban cansada al final de la jornada escolar. Eso sí, no había posibilidad de descanso. Apenas entraba en casa y dejaba la cartera con los libros tenía que ponerse a ayudar a su madre con las tareas de la casa hasta muy tarde. Tres años antes, como si fuera la puntilla, a estas penalidades se sumó otra más: la insistencia machacona de su padre, que afirmaba que eso de estudiar era solo para los chicos y que no siguiera adelante con su educación. En 1977, su madre abrió una pequeña tienda en Setebong, una aldea cercana donde acaban de mudarse, para generar algunos ingresos y tener más recursos. Hazel no tuvo elección: la obligaron a trabajar en el incipiente negocio.

Pero a los 13 años la joven se planta. Ha sopesado la posibilidad de intentar convencer a su padre para poder seguir estudiando, pero sabe que persuadirle sobre las ventajas de la educación femenina es una batalla perdida de antemano, y también que su madre –con independencia de lo que piense– no podrá influir para que su marido cambie de opinión. Así que un buen día, cuando llegó el atardecer, sus padres y sus hermanos vieron que Hazel no había vuelto a casa. No se trató de un simple retraso. Aquella noche, cuando se percataron de que no había venido a dormir, se preocuparon mucho, se temieron lo peor.

La muchacha había jugado la única carta que sabía que podía hacerle ganar la partida. Se había escapado para ir a casa de Lekakalo, una tía de su madre. Era la única persona en la que podía confiar. Por alguna razón que no acertaba a descifrar, tenía alguna posibilidad de persuadir a sus padres para que la dejaran continuar con sus estudios. Cuando descubrieron su paradero, la chica tuvo que aguantar el chaparrón de reproches, amenazas y gritos. Esperó en silencio a que pasara la tormenta, porque estaba convencida de que, con enfados o sin ellos, tenía la victoria en su mano. No se equivocó.

En muchas culturas africanas, las tías, entendiendo por este parentesco a las hermanas del padre —no de la madre, que suelen ser consideradas como madres, o, más exactamente, como 'madres pequeñas'— tienen un poder especial en la familia. Dan consejos, median en conflictos, intervienen cuando algo no marcha bien y, no raramente, se las teme si llegan a proferir una maldición. Lekakalo no era una excepción, y los hermanos de Hazel, que ya estaban acostumbrados a su testarudez, se quedaron sorprendidos cuando vieron que, final y felizmente, se había salido con la suya.

Con 17 años recién cumplidos, Hazel solicitó una plaza en el Guardian Angels College, una de las mejores escuelas secundarias a la que podía aspirar una muchacha de su comarca. Se encontraba en la misión católica de Glen Cowie y estaba dirigida por las Hermanas de Loreto, unas monjas irlandesas que durante los peores años del *apartheid* lucharon muy duro para ofrecer a adolescentes negras una educación de calidad.

El colegio se encontraba a unos seis kilómetros de su casa de Setebong, pero ofrecía la posibilidad de residir en un internado donde tendría todas sus necesidades cubiertas y un ambiente propicio para poder estudiar. Pero entonces ocurrió lo que Hazel menos se esperaba: su solicitud de ingreso fue rechazada. La carta de respuesta no daba ninguna explicación. Pero si había podido derribar la barrera de la incomprensión de su padre, no iba a rendirse ahora cuando estaba a punto de llegar a la meta. Hazel fue a ver a una de las religiosas que trabajaba en el colegio y le habló largo y tendido de su caso. A los pocos días volvió a recibir correspondencia, esta vez comunicándole que su solicitud había sido aceptada.

El nivel del colegio era un poco alto para una chica como ella que, además de haber realizado sus estudios primarios en una escuela sin grandes brillos académicos, arrastraba el lastre de haber pasado sus tres últimos años sin pisar un aula. Además, nunca podía haber imaginado que nada más empezar las clases tendría que enfrentarse a un problema aún más serio: el acoso escolar. Sus nuevas compañeras empezaron a burlarse de ella y a ponerle motes. El motivo era su voz, que por algún motivo les parecía graciosa. Hazel apuntaba ya maneras de mujer decidida que no se rinde ante las dificultades. Ni corta ni perezosa acudió al prefecto de estudios para denunciar el trato vejatorio al que se veía sometida. El hombre no pareció interesarse demasiado por su caso. De hecho, la hostilidad continuó con más fuerza. Elevó su queja por segunda vez, en esta ocasión a la directora del internado, de nuevo sin que nadie tomara ninguna medida. La tercera vez decidió resolver las cosas por sí misma y reaccionó con una cólera inusitada golpeando con fuerza a sus compañeras, que se vieron sorprendidas por la fuerza mostrada por la nueva, a la que hasta aquel momento habían considerado una mosquita muerta. El incidente acabó en el despacho de la directora, la hermana Kevin.

Como el colegio de las religiosas era famoso por ejercer una disciplina muy estricta, Hazel tenía miedo de que la expulsaran. Sin un atisbo de timidez, explicó a la directora que sentía mucho haber perdido la paciencia, pero que ella había acudido dos veces a las autoridades del colegio sin que nadie hiciera nada para terminar con la situación de acoso que soportaba desde hacía algunas semanas. Todo se saldó con un aviso y un castigo consistente en limpiar los retretes del colegio durante una semana. Sus compañeras no volvieron a molestarla.

Hazel estudió allí cinco años. Fue muy feliz, aunque a su manera, porque en realidad se comportó como una muchacha solitaria que nunca llegó a intimar con sus compañeras. Años después, diría: «En el Guardian Angels College, mis únicos amigos fueron los libros».

Un día sus compañeras de clase la invitan a ir, por primera vez en su vida, a un restaurante. Se queda sorprendida cuando le ponen delante una ensalada de lechuga, alimento que no había probado en su vida. «No, gracias», dice al camarero. «Yo no como hierba cruda como las cabras».

Las monjas de Loreto, conocidas como «las irlandesas», ofrecían no solo una educación de calidad, sino también un ambiente acogedor que transmitía amabilidad, dedicación y cariño a sus alumnas, muchas de las cuales provenían de entornos desestructurados por las separaciones familiares que imponía el *apartheid*. No faltaban los casos de ambientes donde prevalecían el machismo y el alcoholismo.

Durante esos años, aquella alumna tranquila y bastante callada llegó a considerar pedir entrar en su noviciado para vestir los hábitos. No siguió adelante con esta idea, pero sí solicitó ser bautizada en la Iglesia católica. Tras varios meses de catecumenado, recibió el sacramento en 1981 de manos del padre Rudolf Friedl, un misionero comboniano alemán que era entonces párroco de Glen Cowie.

Capítulo 2

PRIMEROS AÑOS DE INFANCIA. PRIMEROS AÑOS DE HISTORIA

«El pasado no está muerto. Aún no se le puede llamar pasado».

Robert Sapolsky

Uno de los inventos que uno agradece a los sudafricanos es lo que, en la lengua afrikáans, se conoce como *braai*. En un país en el que hasta en los deportes se vivía la segregación de razas –el rugby era el juego practicado y seguido por los blancos, y el fútbol era el preferido por los negros– el *braai* es una de las pocas costumbres lúdicas a la que todos, blancos y negros, se entregan con igual entusiasmo. Podría traducirse como 'barbacoa', pero si uno considera todo el ritual y la parafernalia que la acompañan, es mucho más que la simple acción de poner trozos de carne a asar en una parrilla de carbón vegetal. En la mayor parte de las casas, su emplazamiento es sagrado –ya sea fijo, a modo de chimenea; o móvil, generalmente como un artilugio formado por un bidón metálico cortado longitudinalmente por la mitad y coronado por una parrilla– y en torno a él se reúne la familia, a menudo con sus vecinos o amigos, para compartir una cena larga y sin prisas, relajada, con una buena charla. En el caso de los afrikáners todo esto suele estar acompañado por una buena jarra de cerveza fresca –rellenable todas las veces que haga falta– y una pantalla de televisión que retransmita un partido de rugby.

Un sábado por la tarde, el que esto escribe se encuentra con Phillip en su casa familiar, una granja en la provincia del Cabo Occidental, cerca de un pueblecito, Elgin, disfrutando de un *braai* familiar al que agradece haber sido invitado. Ya es de noche. Mientras comparto un buen momento bajo las estrellas aliviado por una brisa fresca que levanta el ánimo, dando cuenta con él y con algunos de sus familiares de las últimas chuletas que salen de la parrilla, bien regadas por uno de los estupendos caldos de uva chardonnay que da esta tierra, me doy cuenta de que la conversación ha derivado, cómo no, hacia la política, y más en concreto hacia lo que, en términos algo vagos, podría llamarse «política africana». Cuando termino de contar algo, no recuerdo muy bien si sobre la actualidad en la República Democrática del Congo o en Sudán del Sur, una de las comensales me dirige una pregunta que, con distintas variaciones, ya he oído muchas veces en otros lugares.

–Tú que has viajado mucho por países del continente, ¿qué crees que piensan los africanos sobre la democracia multipartidista?

La respuesta me surge automáticamente y de forma muy directa. Es posible que el tercer chardonnay bien fresquito que acabo de tomar haya tenido algo que ver con la rapidez con que le hago la observación:

–Bueno…, es una pregunta interesante. Tú misma podrías ser la primera en responderla, puesto que tú también eres africana.

Todos los presentes, sudafricanos blancos, reciben mi frase con risas mal disimuladas. Uno de ellos asiente convencido. En efecto, todos ellos son africanos.

Más allá de los comentarios ligeros, yace una verdad no siempre aceptada como evidente: los blancos de Sudáfrica, sea cual sea su origen, no pueden ser confundidos con colonos foráneos ni tienen otro país al que volver, sino que son africanos de pleno derecho. Hace algunos años, el corresponsal de *La Vanguardia* que se ocupaba de los asuntos africanos, Bru Rovira, publicó un libro titulado *Áfricas*. Como él mismo solía insistir, hay muchas Áfricas, y una de ellas —bastante peculiar, pero no por ello menos auténtica— es el África formada por los blancos sudafricanos. A los que se han empeñado en señalar su carácter foráneo aduciendo que los blancos llegaron a Sudáfrica procedentes de países europeos, hay que recordarles que —aunque hay evidencia de que los primeros asentamientos zulúes y sothos en Sudáfrica se remontan a cinco siglos antes de Jesucristo— otros pueblos negros sudafricanos llegaron a lo que hoy es su nación de otros lugares del interior del continente antes de instalarse en una tierra que, en los albores del siglo XVII, estaba habitada por pueblos aborígenes khoi y san, hoy muy minoritarios si se los compara con el conjunto de la población del país.

Salvo honrosas excepciones, hablando con gente por aquí y por allá, uno recibe la impresión de que muchos blancos sudafricanos, sobre todo los bóeres, no han viajado demasiado por otros países del continente y no raramente muestran hacia los otros africanos —incluidos sus propios compatriotas negros— los estereotipos superficiales y el poco conocimiento que uno escucha de boca de muchos europeos en lo que se suele conocer como «ambientes de expatriados». No resulta extraño que sus puntos de referencia –familiares o profesionales– estén más en Inglaterra, Estados Unidos, Australia o en países europeos nórdicos que en lugares más próximos a su país como Mozambique, Angola, Botsuana o Zimbabue.

Incluso los que sí han viajado a otros países africanos, generalmente por motivos de trabajo, bastante a menudo terminan por instalarse en una burbuja que los aísla de la realidad y parecen mostrar poco interés por conocer el país en el que se han instalado, sin ir más allá de los cuatro tópicos de «aquí las cosas no funcionan» o «seguro que en las próximas elecciones habrá violencia».

Apenas un día después de aquella cena, viajando con Phillip en un tren de Johannesburgo a Pretoria, entablamos conversación con un afrikáner que acababa de llegar de Mozambique con su hija. La muchacha estudia en un colegio internacional en Beira, donde las materias se imparten en inglés. Cuando preguntamos a su padre, que trabaja en una importante compañía de explotación de hidrocarburos desde hace algunos años, si ha aprendido a hablar portugués, nos responde que ni sabe ni le interesa. Inútil preguntarle si habla algo de la lengua macua.

* * *

La historia de las que se pueden llamar «las tribus blancas de Sudáfrica» es larga y está jalonada de cruentas batallas. Los primeros europeos en llegar a las costas de Sudáfrica fueron los exploradores portugueses. En ruta hacia la India para conseguir las preciadas especias, en 1488, liderados por Vasco de Gama, llegaron a un punto que bautizaron como cabo de Buena Esperanza, a unos 200 kilómetros al norte del cabo de las Agujas, el punto más meridional del continente africano. En aquella época, a los portugueses solo les interesaba contar con un puerto donde poder anclar sus barcos unos días y continuar su viaje después de haber descansado y cargado alimentos frescos.

Casi dos siglos más tarde, en 1652, la Vereenigde Oostindische Compagnie, la Compañía Holandesa de las Indias Orientales (conocida como VOC, por sus siglas en neerlandés), liderada por Jan van Riebeeck, decidió establecer un puesto permanente en El Cabo. Lo que empezó siendo un pequeño puesto para abastecer a las embarcaciones, se desarrolló al comenzar a establecer en sus alrededores granjas con las que pudieran avituallar a las expediciones marinas. Así empezó a aumentar la población blanca de origen neerlandés, que constituyó el germen de la comunidad afrikáner, también llamada bóer. La VOC trajo también algo más de 70 000 esclavos de Indonesia, Madagascar, Malasia y otros países orientales Ellos fueron el germen de lo que más tarde se conocería como *coloured*. A esta primera oleada de población blanca se unió muy pronto, a finales del siglo XVII, otro grupo de inmigrantes europeos: los hugonotes franceses que huían de la persecución religiosa desatada en su país por el rey católico Luis XIV, famoso por su categórico «el Estado soy yo».

Cerca de un siglo más tarde empezaron a llegar los británicos. A ellos también les interesaba controlar la ruta comercial hacia la India, considerada como la joya de la corona del Imperio.

Cuando un pueblo dotado de identidad propia se encuentra con la llegada de otro grupo hasta entonces desconocido pueden pasar tres cosas: la primera, que se ignoren mutuamente y se separen, que cada uno vaya por su lado y eviten posibles fricciones que puedan desembocar en conflictos; la segunda, que ambos decidan sentarse a negociar para pactar cómo vivir juntos en paz; y la tercera, que alimentados por sentimientos de desconfianza y competencia acrecentados con el paso del tiempo, se enfrenten de forma violenta hasta que el más fuerte se imponga sobre el más débil. Cuando esto ocurre, es raro que este sea el final de la historia, puesto que el perdedor buscará volver a imponerse cuando se le presenta la oportunidad, activando un nuevo conflicto.

La historia de la humanidad muestra con creces que, por desgracia, la tercera vía suele ser la más seguida en la mayoría de los casos. Esto mismo ocurrió cuando los bóeres y los británicos se encontraron compartiendo el mismo espacio en Sudáfrica.

Ante la creciente imposición por parte de los británicos, los afrikáners empezaron pronto a mostrar signos de irritación. Querían preservar su religión, centrada en la Iglesia reformada holandesa, de corte calvinista, que pronto proporcionaría la justificación teológica de la segregación racial. También querían mantener sus sistemas educativo, de comercio y de administración de justicia. Había, también, otro detalle de no poca importancia: no les gustaba el avance del inglés en detrimento de su querido afrikáans que, además de ser su lengua natal, se había convertido en el idioma hablado por los *coloureds*. Al principio, los afrikáners intentaron resolver el conflicto alejándose de los británicos –y, de paso, del control de la Compañía Holandesa de las Indias Orientales, que dependía de los Países Bajos– en una emigración masiva hacia el interior del país, lo que se conoce como el Gran Trek –la Gran Marcha–, de 1835 a 1838. Este empeño desembocó en la fundación de las repúblicas bóeres del Estado Libre de Orange y de Transvaal. El majestuoso monumento conocido como Voortrekker, situado a la entrada de Pretoria, exalta desde 1949 aquella gesta. Tras la victoria del Congreso Nacional Africano (CNA) en 1994 y la puesta en marcha de su política de suprimir los símbolos del *apartheid,* su conservación fue objeto de un intenso debate en el que no faltaron los partidarios de destruirlo. Sin embargo, en 2012 fue inscrito en la lista del Patrimonio Nacional. Hoy es lugar de cita para los nostálgicos del sistema segregacionista cuando organizan algún acto público para protestar por la supuesta discriminación que, según dicen, sufren en su propio país.

Al instalarse en el interior del país, los bóeres tuvieron que enfrentarse a otro problema: en estos nuevos territorios había comunidades negras, sobre todo zulúes, que no tenían ningún deseo de ser dominados por unos intrusos blancos. Esto provocó nuevos enfrentamientos, pero cada cosa a su tiempo.

El descubrimiento en el siglo XIX de las minas de oro y diamantes dio muchas más razones, tanto a bóeres como a británicos, para intentar controlar más partes del territorio sudafricano, en una competición por llegar a los preciados yacimientos antes que la comunidad rival. Al mismo tiempo, como necesitaban más mano de obra y los zulúes del interior no querían trabajar en las plantaciones, los ingleses trajeron a miles de inmigrantes indios, los cuales se instalaron sobre todo en la provincia de Natal. Cuando, en 1893, el abogado Mahatma Gandhi llegó a Durban, en esta ciudad había más habitantes indios que británicos.

Afrikáners y británicos se enfrentaron en dos cruentos conflictos conocidos como las guerras anglo–bóeres. La primera estalló en 1895, y la segunda, mucho más cruel, comenzó en 1899 y duró más tiempo. En ella, los británicos se nutrieron con tropas de Rhodesia, Canadá, India, Australia y Nueva Zelanda. Ambas partes se lanzaron también a una carrera para reclutar soldados negros que, aunque eran considerados seres inferiores, valían de sobra para ser carne de cañón. En 1900, la capital de los bóeres, Pretoria, cayó ante el Ejército británico. Lejos de aceptar su derrota, continuaron durante dos años más con una guerra de guerrillas a la que los británicos respondieron con tácticas militares de tierra quemada que incluyeron, por primera vez en la historia, el internamiento de la población civil en campos de concentración. Varias fuentes históricas afirman que, en 1902, no menos de 26 000 mujeres y niños bóeres murieron en estos campos a causa de las pésimas condiciones que tuvieron que soportar.

Poco después Sudáfrica participó en la Primera Guerra Mundial. Luchó contra Alemania en el bando de los aliados. Algunas unidades del Ejército integradas por afrikáners se negaron a combatir contra los alemanes y se rebelaron, pero fueron derrotados y sus líderes encarcelados.

Las diferencias entre bóeres y blancos de origen británico tienen su fundamento no solo en los conflictos que enfrentaron a ambas comunidades, sino también en factores que podrían llamarse culturales. Los afrikáners, a pesar de su procedencia europea, vivieron, desde finales del siglo XVII, aislados en sus nuevos territorios, al margen de los grandes movimientos socioculturales que marcaron la identidad de la Europa contemporánea, el empirismo, la Ilustración, el Romanticismo, el socialismo, el positivismo, el existencialismo... Los británicos llegaron con un mayor bagaje cultural y mantuvieron el contacto con sus orígenes mucho más que los afrikáners con su Holanda, de la que zarparon un lejano día. Resulta curioso que, a pesar de la fama de reservados e individualistas que suelen tener los británicos, uno ve que en Sudáfrica, por norma general, han realizado esfuerzos por acercarse a la población negra y han defendido posiciones más liberales y a favor del fin de la discriminación racial.

* * *

En la granja familiar de Phillip, como más tarde descubriría en la casa en la que vive con Hazel en Pretoria, las fotos en blanco y negro, inmaculadamente enmarcadas, están expuestas como si se encontraran en un museo que transmite recuerdos de una historia que ha marcado su presente. Phillip ha realizado un gráfico, a modo de árbol genealógico, con un diseño de círculos concéntricos, en el que aparece toda su parentela presente y pretérita.

Su bisabuelo paterno, que vivió en Inglaterra a principios del siglo XIX, se llamaba Henry James. Muy enamorado de su mujer, se vino abajo como un árbol fulminado por un rayo cuando esta murió durante su primer parto. Durante la profunda depresión en la que cayó al perder a su amada, vivió una experiencia espiritual que le hizo plantearse su vida desde los cimientos, lo que le llevó a las puertas del seminario, como un Francisco de Borja que dijera de nuevo: «Nunca más servir a quien se me pueda morir». Los estudios teológicos y la rutina diaria centrada en el altar y los latines de la recitación del oficio divino le ofrecieron un refugio celestial que le consoló y pareció alejarle del halo de tristeza que le envolvía. No pasó mucho tiempo antes de que sus ojos se fijaran en otra hermosa mujer y se casara en segundas nupcias. Dejó la Iglesia católica e ingresó en la Iglesia anglicana, y se dedicó como laico el resto de sus días predicando a los fieles y entonando salmos mientras gozaba de una desahogada posición económica gracias a un fondo heredado de su padre, que había sido un exitoso maestro de navegación entre Inglaterra y la India. Henry James se pasó el tiempo que le quedó de vida dando gracias a Dios por poder compaginar el servicio clerical con la vida familiar al lado de su nueva amada.

Uno de sus hijos, Maurice, se dedicó al negocio de la producción de vinos. La empresa era propietaria de unos excelentes viñedos cerca de Ciudad del Cabo, un lagar, una planta de embotellado y una sección de distribución que fue viento en popa hasta que no pudo resistir la competencia de otras bodegas. El negocio se hundió y tuvo que pasar a otras manos. Aquellos vinos, de marca Nederburg, se siguen vendiendo y destacan en los *liquor store,* las únicas tiendas con licencia para despachar bebidas alcohólicas. Sus blancos, elaborados con uvas sauvignon blanc y chardonnay, y los tintos de uva merlot son baratos pero de una calidad excepcional. No tienen nada que envidiar a grandes reservas de nuestras denominaciones de origen Rioja o Ribera del Duero.

No se molesten en buscarlos en supermercados españoles –ya me pesa a mí más que a nadie–, porque cuando desaparecieron las sanciones económicas a Sudáfrica a mediados de los años 90, los países europeos con fuertes industrias vitivinícolas, España incluida, se quedaron horrorizados solo de pensar en la competencia a la que tendrían que enfrentarse con una avalancha de vinos sudafricanos baratos y de primera calidad en sus mercados. Este miedo justificó que se apresuraran a poner unos aranceles muy altos que frenaran su llegada. Hay que agradecer a los hugonotes franceses que al entrar en los barcos que les llevaron a Sudáfrica tuvieran la brillante idea de llevar consigo las cepas de sus viñas para plantarlas en un terreno que pronto descubrirían que producía uvas de gran calidad, entre otros motivos por las condiciones climatológicas del hemisferio sur, muy parecidas a las de Francia.

Los abuelos maternos de Phillip también eran ingleses. Una foto del capitán Gordon Thomas, vestido de uniforme blanco, recuerda que sirvió en la Marina británica. Más tarde, al emigrar con sus padres a Sudáfrica, hizo lo mismo en las fuerzas navales de su país de acogida. En el cementerio de Claremad, en Ciudad del Cabo, visito con Phillip la tumba de John Charles Molteno, su tatarabuelo materno. Según reza la lápida, nació en Westminster en 1814 y falleció en Claremont en 1886. A su lado se encuentra la tumba de su esposa, Elisabeth Marie (1831–1874).

El padre de Phillip, Charles Maurice Timothy, nació en 1923 en Nedenburg, el lugar donde se encontraba la bodega que su abuelo había fundado. Tras haber estudiado Ingeniería Civil en la Universidad del Cabo y haber vivido los primeros años de su vida profesional en Johannesburgo, se trasladó a Elgin, una pequeña ciudad a unos 60 kilómetros de Ciudad del Cabo, en 1958. En una finca de 260 hectáreas que había sido iniciada por el abuelo de su esposa, Frank Molteno, se dedicó a plantar durante años, con un inmenso cuidado, miles de manzanos y perales, a razón de 1.500 árboles por hectárea, hasta conseguir una superficie de 165 hectáreas cubierta de miles de frutales. Los árboles crecieron bien gracias al sistema de riego que desarrolló por sus habilidades de ingeniería. Murió en 2008, dos años antes del fallecimiento de su esposa, la madre de Phillip, Diani Molteno Thomas. Ambos están enterrados juntos en la finca, en Applegarth.

La parcela está hoy dividida entre varios propietarios que contribuyen para mantener una enorme alberca de riego que se encuentra en el corazón de la hacienda. Aunque artificial, es un hermoso lago rodeado de árboles de sombra que regala una hermosísima vista desde la casa familiar, habitada hoy por Niky, una de las hermanas de Phillip. Las otras dos viven en Gales y Canadá.

Phillip creció en aquel ambiente de trabajo constante, en un apacible lugar envuelto en una hermosa naturaleza que invita a la calma. Tuvo una infancia feliz. Aprendió a montar a caballo y a nadar en plena infancia. A los cinco años empezó a frecuentar una escuela infantil cercana. Se interesó por la gestión de los fertilizantes y los pesticidas que hay que usar para asegurar una buena producción. También empezó desde muy joven a despuntar en una de sus grandes pasiones: el aprendizaje de otras lenguas, favorecido por encontrarse en una comunidad multilingüe. Además del inglés que se hablaba en casa, en su trato con otras familias vecinas de granjeros aprendió muy pronto a hablar afrikáans. Debido a la segregación racial que reinaba en la sociedad en la que creció, no pudo aprender el isixhosa, la lengua hablada por la mayoría de los trabajadores que acudían a las fincas de árboles frutales durante la recogida de la cosecha. Años más tarde podría dedicarse a aprender lenguas africanas. Pronto descubriría que su pasión políglota iba a moldear en su interior una personalidad propia de las personas que hacen de puente entre comunidades que viven separadas.

* * *

La primera infancia de Hazel transcurrió por otros derroteros.

Nació en 1963 en Benoni, en la provincia de Gauteng, donde se encuentra la capital gubernamental,

Pretoria. Su padre, Mamokgate Madihlaba, trabajaba como jardinero en un campo de golf, ocupación que le mantuvo allí hasta 1980. Era la primera hija del matrimonio formado por Mamokgate y Paulina Malehudu. Cuando tenía apenas tres años, su madre se trasladó con ella a Leeuwkraal, un pueblecito de la provincia de Limpopo, en el norte.

La casa familiar en la que la joven Hazel creció, y que ella recuerda con su tejado de hierba que había que renovar cada pocos años, ya no existe. El lugar es hoy una apacible localidad rural limpia y con calles de tierra bien trazadas, aunque con abundantes baches. En muchas de sus esquinas se levantan viviendas amplias y construidas con materiales sólidos, con agua corriente y electricidad, signo de que mucha gente aquí ha prosperado durante los últimos años. Otras casas están a medio levantar. Muchos de sus dueños han emigrado a grandes ciudades en las que viven en condiciones que dejan mucho que desear. En el *township*[1] de Mamelodi, a las afueras de Pretoria, viven varias personas que nacieron en su pueblo y que ahorran todo lo que pueden, evitando gastos superfluos, para mandar todo el dinero de sus salarios a casa y edificar un buen hogar cuando sea posible. Aquí y allí se ven huertos de maíz y de hortalizas. En su nueva casa familiar vive aún la nuera de la segunda mujer de su abuelo, Tsibogo, que cuida de los nietos de sus sobrinos.

La madre de Hazel nació en Ngwaritsi, el pueblo de al lado. Las casas están alineadas junto a la carretera

---

[1] Durante el período del *apartheid* se desarrollaron zonas urbanas segregadas racialmente en las que vivía la población no blanca. Aquellos lugares fueron conocidos como *townships* (N. del e.).

que lo recorre de un lado a otro. Las extensísimas llanuras dejan ver, en un horizonte que parece no tener fin, montañas donde hace no muchos años abundaban animales salvajes que los lugareños cazaban durante los meses de clima seco.

Cuando Hazel tenía 14 años, la familia se trasladó a Setebong, donde hoy se encuentra la casa familiar, una hermosa construcción en la que vive aún su padre, Mamokgate, a quienes todos se dirigen con el afectuoso nombre de *Tate* (papá) Modibu, un abuelo que no habla mucho, pero que sonríe a todas horas. La madre de Hazel falleció en 2007. El buen hombre, que pasa ya de los 90 años, pasa su venerable ancianidad bien atendido, y no le faltan ni los buenos alimentos ni la compañía. Hazel tiene dos hermanas y tres hermanos, uno de los cuales vive allí. En el patio trasero hay un rebaño de vacas y algunas cabras que un empleado saca a pastar todos los días por la mañana en los extensos prados que rodean la vivienda. La hierba, algo seca, se volverá gris al final del otoño. El viento que peina el manto herbáceo que cubre los campos cesará hasta que las lluvias vuelvan en octubre.

La pequeña Hazel creció viendo poco a su padre, que venía al pueblo unos pocos días cada cuatro meses. Uno de los peores efectos del *apartheid* fue fomentar las separaciones familiares en los hogares negros. Privados de acceso a tierras fértiles, a créditos para emprender y a una educación de calidad que les hubiera ofrecido una estabilidad laboral y económica, la mayor parte de los negros solo podían aspirar a empleos precarios y mal pagados que brindaban comodidad a los blancos: jardineros, cocineros, limpiadores, albañiles o guardias de seguridad. Vivían hacinados en dormitorios con malas condiciones higiénicas conocidos como *hostels*, que se ubicaban habitualmente en *townships*. Estos enclaves eran verdaderas reservas de trabajo barato que exigían a los trabajadores largos trayectos hasta sus puestos de trabajo. Lejos de sus hogares, formaban una masa laboral que satisfacía las necesidades de la economía de la élite blanca sin gozar de derechos básicos. Los *hostels* se convirtieron, a menudo, en focos de conflicto violento que estallaban de vez en cuando, dejando un reguero de muertos y heridos.

* * *

Según cuentan las crónicas, a principios del siglo XIX, la hegemonía de los pedis, la etnia de Hazel, se extendía desde el corazón de su reino, en el norte, hasta los alrededores de lo que hoy es Johannesburgo. De manera progresiva, debido a las ansias expansionistas de otras sociedades africanas —sobre todo los zulúes y los suazis— y de los bóeres, se fueron retirando hacia el norte, hacia zonas de tierra poco fértil en las que las cadenas montañosas actuaron como una barrera para la lluvia. El historiador Mandy Goedhals ha documentado muy bien las condiciones de vida de aquellos años, cada vez más duras, que empujaron a los pedis a migrar para buscar trabajo asalariado como medio para poder subsistir. Algunos no tuvieron que viajar muy lejos. Les bastó con aceptar ser trabajadores en las nuevas fincas que los blancos desarrollaron en lo que antes fueron sus tierras y que han sobrevivido al paso del tiempo. Viajando por esta zona hacia el Limpopo, se pasa por enormes extensiones de fincas de árboles frutales cuidadosamente cubiertas por lonas kilométricas de un tejido ligero que permiten filtrar el agua de la lluvia, al mismo tiempo que evitan que las tormentas de granizo arruinen las cosechas.

Al disminuir la extensión del territorio de los pedis, su forma de vida tradicional basada en el contexto rural sufrió una fuerte crisis. Con una población que aumentaba, los terrenos más baldíos y las lluvias más erráticas, la emigración de los hombres jóvenes para trabajar en las minas, como guardias de seguridad, empleados de servicio doméstico o jardineros en casas de familias blancas, se convirtió en el medio de vida más habitual para muchos de ellos. Por si fuera poco, varias pestes diezmaron sus ganados en distintos momentos del siglo XX. Los pedis, que antes eran autosuficientes y podían cultivar grandes superficies para satisfacer sus necesidades alimentarias, vieron cómo necesitaban cada vez más dinero para comprar harina de maíz, que se convirtió en su alimento principal, pagar impuestos, construir un techo bajo el que habitar y hacer frente a otros gastos.

Cuando el sistema de migración para mantener a las familias con el dinero del trabajo asalariado se impuso, la sociedad pedi se convirtió en un conjunto de hogares en los que la figura principal era la madre. El padre era un personaje lejano que aparecía de vez en cuando por casa, pasaba unos pocos días y volvía a marcharse lejos.

* * *

Apenas a 200 metros de la casa familiar de Setebong se haya el cementerio familiar, con lápidas de mármol bien esculpidas que lucen los nombres de las personas cuyos restos mortales descansan bajo tierra. Al abrirnos camino por la hierba alta que rodea el camposanto, con cuidado de no tropezarnos con las piedras ocultas, me fijo en que, en algunas de sus tumbas, hay botellas de vino y cerveza que los familiares han dejado como ofrenda. Están vacías porque el contenido se vierte sobre el lugar como homenaje al difunto. Pienso en los vinos sudafricanos que hemos tomado durante la cena del día anterior. No puedo evitar pensar que, si un día mi familia quiere darme un homenaje de altura, preferiría un buen Vega Sicilia mientras aún esté vivo, si las posibilidades lo permiten.

En la primera tumba yace William Mahlamele Madihlaba, abuelo paterno de Hazel, quien fue muy activo en política durante los peores años de la segregación racial, lo que le valió ser arrestado numerosas veces por la policía. Según me cuentan, tenía dos mujeres, que le llevaban comida al calabozo de la comisaría cuando estaba detenido. Me fijo en las fechas labradas en la lápida. Según lo escrito en ella, nació en 1804 y murió en 1993. Sorprendido, pregunto discretamente si su larguísima edad puede atribuirse al hecho de haber sido tan bien cuidado por sus dos esposas, pero Hazel se apresura a decir que se trata de un error. «Como no sabían muy bien cuándo nació, se lo imaginaron», concluye.

A poca distancia del abuelo William está la tumba del bisabuelo de Hazel, Jack Mmamagole, nacido en 1831 y muerto en 1931. Su bisnieta recuerda una historia que oyó muchas veces de su abuela: «Era un buen hombre, pero a veces volvía a casa con algunas copas de más. Cuando llegaba en estado de embriaguez, sus siete mujeres le recibían con una buena paliza». Después de haber pasado por aquel trance varias veces, se dotó de un peculiar sistema de defensa. Cada vez que salía de casa para ir a beber con sus amigos se envolvía en una manta para, cuando llegaba la hora de volver, ocultar algunas piedras con las que poder defenderse de sus poco cariñosas consortes.

* * *

Las guerras que se sucedieron en el siglo XIX en Sudáfrica no se libraron únicamente entre blancos bóeres y los británicos. Tras realizar el Gran Trek al interior del país, los bóeres se enfrentaron con varias tribus negras, sobre todo con los zulúes, un pueblo con una gran tradición guerrera que habían formado un poderoso ejército bajo el mandato del rey Shaka. A pesar de la superioridad armamentística de los bóeres, los zulúes los derrotaron con sus lanzas en la batalla de Isandlwana. Poco después, en 1838, en un enfrentamiento a orillas del río Ncome, conocida como la batalla del Río Sangriento, fueron los bóeres los que se tomaron la revancha al ocupar una posición defensiva formando un círculo con sus carromatos, que hicieron de barricada infranqueable.

Durante el siglo XIX, hubo también rebeliones encabezadas por los xhosas, un pueblo, como los zulúes, de profunda tradición guerrera. En numerosas ocasiones, los enfrentamientos concluyeron con grandes oleadas de desplazamientos que aceleraron la creación de varios estados, sobre todo los formados por los sothos –el país conocido como Lesoto– y por los suazis –el actual Esuatini–. Una de las figuras militares más conocidas que se enfrentó a los xhosas y les arrebató grandes extensiones de terreno fue el general británico Harry Smith, un veterano de las guerras napoleónicas. Gobernador de la provincia de El Cabo de 1847 a 1852, con anterioridad se había enfrentado a los bóeres durante el período del Gran Trek. Se casó con una bella joven española, originaria de Badajoz, que acababa de salir de un convento: Juana María de los Dolores de León. Ambos dan nombre a sendas ciudades de la provincia de Free State: Harrismith, en recuerdo del militar, y Ladysmith, a 90 kilómetros, en memoria de su esposa.

La historia de Sudáfrica está jalonada de abundantes guerras, conflictos entre comunidades y mucha sangre derramada. Por todo el país uno se encuentra con monumentos que recuerdan tal o cual batalla, esta o aquella victoria, casi todas ellas libradas en el siglo XIX o principios del XX. Pero la fractura que iba a traumatizar el país durante muchos años, el sistema del *apartheid*, estaba aún por llegar.

Capítulo 3

El Ministerio de Educación
para las narices cortas y
para las narices largas

*«La educación es el arma más poderosa para
salvar el mundo».*
Nelson Mandela

Vestidos de manera inmaculada con sus uniformes blancos y azules, varios grupitos de niños salen, con un orden meticulosamente bien medido, de la escuela primaria que lleva el nombre de Bishops. Situada en la elegante zona residencial de Rondebosh, en Ciudad del Cabo, sus edificios transmiten la serenidad de una arquitectura colonial de tiempos pretéritos, combinada con la solidez de un complejo moderno en el que reinan la limpieza y el cuidado de los detalles. En varias de las entradas a sus distintos pabellones figuran, escritos en una pulcra caligrafía, los valores de la escuela: «Integridad, respeto, buenas maneras, empatía, unión». Fundada por el obispo anglicano Robert Gray en 1849 con el nombre de Escuela Diocesana de Ciudad del Cabo, muy pronto fue conocida como «la escuela del obispo», nombre con el que se quedó para siempre. En 1927 la escuela preparatoria se separó del colegio y se estableció en la que es su sede actual, en Fir Road. En el vestíbulo de entrada están expuestos varios cuadros enmarcados con las fotografías de alumnos que estudiaron aquí hace ya varias décadas. Todos los rostros, sin excepción, son blancos.

Allí recaló el joven Phillip un día de 1968, conducido por su padre, quien también había estudiado en la misma escuela entre 1933 y 1941. Al estar a unos 66 kilómetros de la granja familiar, tuvo que residir en su internado. Cada domingo, muy temprano, su padre o un amigo de la familia venían a recogerle en coche para llevarle a pasar el día en casa, y volvían a última hora de la tarde. Phillip estudiaría en Bishops hasta 1975. Muchos de sus compañeros eran niños del distrito de Elgin con los que ya había compartido juegos y aficiones.

Hoy tengo el privilegio de realizar una visita guiada, nada menos que por el director de la escuela, quien nos ha atendido con exquisita amabilidad a pesar de haber llegado sin cita previa. Mientras escucho las explicaciones, recorro aulas dotadas con todos los adelantos pedagógicos, entre los que se encuentran, cómo no, pantallas digitales y ordenadores. Entro en salas de música donde algunos niños realizan ensayos. Hay talleres de manualidades, laboratorios bien equipados, gimnasios, un acogedor salón de actos y una piscina en la que figuran las normas escritas en inglés, afrikáans e isixhosa, esta última la lengua africana mayoritariamente hablada en la región de El Cabo. Ante la presencia de muy pocos de niños negros, uno se pregunta quién va a leerlas, excepto tal vez el jardinero o el limpiador. Al otro lado de la verja de la piscina hay pistas de tenis y amplios campos de deportes con un césped verde, cuidadosamente cortado, que brilla, donde grupos de niños se entrenan para jugar al críquet.

Como en las fotos que he visto a la entrada, en las instalaciones del centro escolar solo he visto alumnos blancos, con alguna notable excepción. Debido a las leyes del *apartheid*, la escuela no tuvo más remedio que admitir únicamente a alumnos pertenecientes a la raza de la élite dirigente hasta el año 1978, cuando incluso introdujo el estudio del isixhosa como asignatura. Hoy, con el sistema segregacionista debidamente enterrado, nada impediría a una familia negra matricular aquí a sus hijos…, excepto el muy elevado coste de las tasas escolares. En la Sudáfrica que sigue su curso tres décadas después del *apartheid*, la segregación racial ha desaparecido de las leyes, pero la separación entre personas de distintas razas está aún muy viva en la economía del país, en el que algo más del 40 % de la población negra está en el paro y los indicadores de bienestar social apuntan a enormes diferencias de renta y condiciones de vida entre los blancos –alrededor del 8 % de la población actual– y la mayoría que engloba a los negros y a la importante comunidad de *coloureds* en la región de El Cabo.

Muy cerca de la escuela primaria está la de secundaria, también conocida como el Bishop´s College, donde el joven Phillip continuó sus estudios ya de adolescente. Fundada pocos años antes de la primaria, su objetivo, según reza su página web oficial, era «dar una sólida educación a los jóvenes de la colonia según los principios de la Iglesia de Inglaterra».

Muchos de los antiguos alumnos que frecuentaron sus aulas después de que Phillip hubiera terminado sus estudios, recuerdan con gran cariño a John Peake, quien fue su director durante los años 80. Dimitió a finales de la década, en 1988, por conflictos internos al ver que no gozaba de la confianza del Consejo Escolar. Uno de los motivos por los que todos le tuvieron en gran estima fue por haber introducido un sistema de becas de estudio para alumnos negros, dando una oportunidad a jóvenes desfavorecidos de acceder a una educación de calidad. Le sucedió el hasta entonces vicedirector, John Gardener, quien a finales de los años 90 introdujo el uso de ordenadores portátiles en sistema de aprendizaje. Phillip acaba de participar el fin de semana anterior en una reunión de *old boys,* antiguos alumnos, en la que los de su quinta se han dado el gusto de revivir viejos tiempos y resucitar a personajes entrañables como el anciano John, que murió en 2025 a la edad de 94 años.

La Iglesia anglicana fue conocida por sus tomas de posición en contra del *apartheid* en Sudáfrica, aunque estas crecieron de forma gradual y sin unanimidad entre sus fieles y su clero. El joven Phillip recuerda cómo, durante aquellos años, «los tres capellanes que tuvimos en la escuela nos decían a menudo que éramos unos privilegiados y que teníamos que pensar en muchos otros jóvenes, sobre todo en los negros, que no tenían acceso a los beneficios de los que nosotros disfrutábamos».

Una gran figura histórica de los anglicanos fue el inglés Trevor Huddleston, obispo de África del Este, que incluía el territorio sudafricano, de 1940 a 1960. Fue de los primeros personajes públicos en oponerse al sistema del *apartheid* cuando fue impuesto en 1948.

Muy próximo al Congreso Nacional Africano (CNA), entabló una excelente amistad con algunos de sus líderes históricos como Walter Sisulu y Nelson Mandela, quien en una ocasión dijo de él: «Ninguna persona blanca ha hecho más por Sudáfrica que Trevor Huddleston». Como ocurre a menudo con personas que se adelantan a su tiempo, pagó caro su compromiso y se vio obligado a dejar Sudáfrica en 1956, antes de lo que hubiera deseado, seguramente con alivio de una buena parte de sus fieles, a los que no les hacía ninguna gracia ver al líder de su Iglesia tan comprometido con temas políticos. Su posicionamiento le hacía ser sospechoso de izquierdista.

En la sillería de madera del coro de la capilla de la escuela secundaria veo tallados los nombres de varios obispos anglicanos. Entre ellos está el del arzobispo Desmond Tutu, quien recibió el Premio Nobel de la Paz en 1984 por su compromiso en la lucha contra la discriminación racial. Anteriormente obispo de Lesoto y de Johannesburgo, en 1986 fue elegido arzobispo de Ciudad del Cabo. Recuerda Phillip cómo en esta Iglesia había sacerdotes y fieles de distintas tendencias y sensibilidades, algunos muy conservadores y nada partidarios de meterse en temas que les parecían demasiado políticos. Uno de ellos, el padre Claude Mitchell, abandonó la Iglesia anglicana con gran disgusto cuando Tutu fue elegido arzobispo de Ciudad del Cabo.

* * *

Mientras tanto, a más de 1000 kilómetros de allí, en la provincia de Limpopo, llamada en aquellas décadas

Transvaal del Norte, la joven Hazel frecuenta las aulas de una escuela muy diferente.

Desde los siete años, la niña camina todos los días desde la pequeña localidad de Leewukraal hasta la escuela primaria de Photohlogwana. Las aulas, en edificios de una planta, están techadas por haces de hierba seca y no hay pupitres para todos los alumnos, que son demasiados para una clase tan pequeña. Hoy es un hermoso complejo escolar, con pabellones mucho más sólidos y acogedores, pero aún muy modestos en comparación con el Bishops College. A la entrada, figura su escrito en la lengua sepedi: *Thuto ke lesedi.* La educación es luz. En los años 60, era una escuela con un nivel de enseñanza bastante bajo, como solía ser la tónica general en el caso de la educación para los negros.

«Aprendí muy poco en aquella escuela», recuerda Hazel. «Los maestros eran jóvenes negros que acababan de terminar la enseñanza Primaria y, con el poco nivel que tenían, se limitaban a repetir lo que estaba escrito en los libros que tenían delante mientras los niños nos aburríamos soberanamente». Poco tiempo estuvo, de todos modos, en aquella escuela, apenas seis años, hasta que, a los 14, sus padres le dijeron que eso de estudiar era para los chicos y que ya era hora de arrimar el hombro en casa, de ayudar en la tienda que su padre acababa de abrir en Setebong, donde la familia acababa de mudarse en junio de 1977.

La mejor amiga de Hazel en aquellos años se llamaba Paulina. Las dos iban a rezar los domingos a la Iglesia reformada holandesa. Después del servicio religioso se quedaban al Sunday School. Resulta curioso que aquella Iglesia, que ofrecía su justificación teológica al sistema de segregación racial del *apartheid*, sobre todo basándose en pasajes del Antiguo Testamento en los que se exalta al pueblo elegido de Israel por no mezclarse con los paganos, pudiera tener seguidores en un lugar habitado por negros. Pero no sería el primer caso que demuestra que la obra maestra del opresor es hacerse amar por el oprimido, aunque estos despropósitos no duran cien años. Por eso me sorprendo poco cuando Hazel me muestra el edificio vacío y en un estado que amenaza ruina de este templo, con los cristales rotos y sin ningún signo externo de su pasado como lugar de culto. Hace ya bastantes años que los habitantes del lugar dejaron de acudir a sus funciones y nadie parece echarla en falta.

«En el Catecismo de la Iglesia reformada holandesa todo era cuestión de aprender cosas de memoria y repetir. Pero yo no entendía nada».

Ni falta que hizo, querida Hazel.

Tras pasar dos años en el pequeño comercio de Setebong, Hazel empezó a ir a la Sebjaneng Primary School, una escuela que estaba a unos cinco kilómetros de Glen Cowie. La chica se aburría, sobre todo en Religión, una asignatura que se le atravesó desde el principio: «Llegaba tarde a clase a propósito y me inventaba toda clase de excusas para justificarme», recuerda. Pero lo peor del caso fue que, aprovechándose de sus incipientes dotes de liderazgo, empezó a convencer a sus compañeras de que hicieran lo mismo. La repentina ausencia de una buena parte de la clase no pasó inadvertida a los maestros. Muy pronto las sospechas recayeron sobre ella, que ya empezaba a apuntar maneras de inconformista. El caso acabó con una convocatoria en el despacho del director y una advertencia muy seria. Desde entonces, no tuvo más remedio que acudir puntualmente a todas las clases, Religión incluida.

Paulina, sexagenaria temprana como Hazel, es hoy una exitosa mujer que vive en la municipalidad de Glen Cowie y que transmite cordialidad y amabilidad. Está casada con un contratista de servicios de seguridad privada («Respuesta armada rápida», reza el lema escrito en los tres coches *pick-up* aparcados en el patio). El matrimonio vive en una hermosísima casa de dos pisos con un gran salón con suelo de terrazo, elegantes cortinones y muebles de maderas caras. La vivienda debe de haber costado un dineral, señal de que en la Sudáfrica de las últimas décadas este tipo de negocios van viento en popa. Nada extraño, si se piensa que uno de los grandes problemas que azotan al país son las altísimas tasas de delincuencia, con la escalofriante cifra de un promedio de 60 asesinatos al día.

Hazel y Paulina intercambian miradas de complicidad y risas mientras traen a colación recuerdos de su infancia, como un día en el que fueron a visitar, tras una larguísima caminata, a uno de los tíos de la primera. Muertas de hambre, se sentaron en el salón. Al cabo de pocos minutos les trajeron una bandeja con dos tazas de té humeante y un plato de pan blanco caliente. La boca se les hacía agua. «¿Te acuerdas de cuando les dije en seguida "muchas gracias"? Debieron de entenderme mal, porque retiraron la bandeja y se la llevaron. Ellos habían interpretado que yo había dicho "no, gracias"».

* * *

La enorme diferencia entre la educación que recibió Phillip y la otra a la que pudo acceder Hazel no fue fruto de la casualidad. Durante el *apartheid*, para mantener sometida a la población negra, la política educativa se basó en la existencia de dos sistemas distintos: uno para los blancos, con un nivel elevado, y otro para los negros, *coloureds* e indios, que estaba hecho a propósito para que los miembros de razas consideradas como inferiores no pudieran acceder a puestos de dirección o de cuadros intelectuales superiores.

Recuerdo haber oído a Desmond Tutu en 1987, durante una visita a Madrid, describir este peculiar sistema educativo, comparando –con su fino sentido del humor– la existencia de un Ministerio de Educación para blancos y otro para negros con una hipotética situación en la que un país decidiera tener dos carteras de Educación: una para niños con narices cortas y otra para niños con narices largas.

Este sistema, que tuvo su soporte legislativo en la Ley de Educación Bantú de 1953, creó el Departamento de Educación Bantú, que pertenecía al Departamento de Asuntos Nativos, consolidando la educación segregada por razas. De este modo, se preparaba a los estudiantes negros para ocupar una posición subordinada en el lugar de trabajo, con un nivel educativo de poca calidad, diseñado así a propósito. Se los dirigía hacia materias que, se suponía, eran adecuadas para ellos, como la agricultura y la jardinería. Estas los prepararían para trabajos orientados a hacer la vida de los blancos más cómoda. Era lo que se esperaba de ellos.

El político afrikáner Hendrik Verwoerd, ministro de Asuntos Nativos y más tarde primer ministro, no tuvo ningún reparo en presentar de forma clara estas intenciones cuando declaró que el objetivo debía ser educar a los no blancos para que fueran conscientes de su desigualdad y de que no había esperanza de integración en la comunidad blanca. A partir de 1954 se suprimieron los fondos públicos para ayudar a instituciones religiosas que se dedicaban a la enseñanza de la población negra, una decisión que no fue fruto de la casualidad, sino de una política diseñada para dejar a los alumnos negros en el furgón de cola de la educación. Una escuela que hubiera desafiado esas leyes y aceptado a niños de todas las razas por igual no habría sido tolerada por el Estado. Asimismo, el Gobierno racista fue suprimiendo la aportación presupuestaria hasta que la educación bantú pudiera ser financiada con los impuestos pagados por los propios negros, dejando a estas escuelas cada vez con menos posibilidades de sufragar los gastos de libros de texto, material escolar y el servicio de comedor.

La legislación sobre educación bantú se completó en 1959 con la Ley de Extensión de la Educación Universitaria, que prohibió la matrícula de estudiantes no blancos en las universidades reservadas para blancos.

A partir de los años 80, cuando el Gobierno sudafricano empezó a sentir la presión de las sanciones económicas internacionales, introdujo algunos cambios que los activistas *antiapartheid* no dudaron en calificar de cosméticos. Por ejemplo, aprobaron una legislación en la que se autorizaba a escuelas hasta entonces frecuentadas por blancos a admitir a estudiantes negros. Pero la letra pequeña dejaba bien claro que la asociación de padres de alumnos tenía que dar su aprobación caso por caso, lo cual en muchos casos dejaba sin efecto la nueva norma. Cuando algunas universidades empezaron a tolerar el ingreso de estudiantes negros, sus porcentajes resultaron ínfimos. Al llegar el momento de realizar el examen de ingreso a la universidad, el equivalente a las antiguas Selectividad o EVAU, huelga decir que los estudiantes blancos, que habían tenido acceso a una educación de mayor calidad, lo aprobaban con mucha más facilidad que los negros.

En una visita que realicé a Sudáfrica en 1998, apenas cuatro años tras el fin del *apartheid*, un misionero español me llevó un domingo a una de las capillas del principal *township* de su parroquia. Terminado el servicio religioso, me presentó a algunos estudiantes negros que acababan de terminar su ciclo de educación secundaria y que, por lo tanto, estaban a las puertas de entrar en la universidad. La legislación ya había cambiado en el país, pero los chicos arrastraban el lastre de haber realizado la mayor parte de sus estudios bajo el antiguo sistema segregado. Cuando les dije que trabajaba en Uganda, sus preguntas, que revelaban el bajísimo nivel educativo al que habían tenido acceso, me sumieron en un estado de tristeza:

–¿En qué continente está Uganda?

–La gente de Uganda ¿es blanca o negra?

–El presidente de Uganda, ¿es blanco o negro?

Si la educación es el futuro de un país, hay que recordar que en Sudáfrica hubo un tiempo en el que, a la mayoría de la población, durante varias generaciones, se le negó tener un futuro.

Capítulo 4

«¿FABRICAR LA BOMBA ATÓMICA? QUE NO CUENTEN CONMIGO»

> *«Los complejos códigos sociales de superioridad racial, fundados sobre mitos de orígenes y destino, y que alimentan el miedo, pueden ser fácilmente deconstruidos. Basta con desenterrar cuidadosamente el pasado».*
>
> Tony Hardings

Para ser un sábado por la mañana, sorprende encontrar muy pocas personas en el Lion Safari Park de Pretoria. La poca afluencia de público hace que la visita sea más cómoda. Al estar el lugar menos congestionado se evitan las incómodas colas y las esperas, pero la imagen ofrece un aire desangelado a un lugar que uno esperaría ver hirviendo de bullicio humano, con familias con niños dispuestas a pasar un día agradable. Situado a unos 30 kilómetros al oeste de la capital gubernamental, en una zona llamada Pelindaba, al pie de las montañas de Magaliesberg, este terreno de 240 hectáreas, que parece haber sido concebido a medio camino entre un miniparque y un zoológico, ofrece safaris guiados en vehículos con remolque donde los curiosos visitantes van encerrados en una especie de jaula desde donde pueden hacer sus fotos sin temor a acabar como merienda de algún felino. También se puede ingresar con el vehículo propio y hacer el circuito como a uno le venga mejor, controlando el tiempo que va a pasar en su interior y decidiendo dónde pararse y cuándo seguir adelante. En sus instalaciones, rodeadas por una valla de seguridad, se pueden observar antílopes de distintos tipos, cebras, hienas, chetas, leopardos, chacales y –como atracción estrella– numerosos leones, estos últimos convenientemente confinados en terrenos vallados por los que se accede a través de una entrada muy controlada, con un número muy restringido de vehículos cada vez, para evitar peligros. El aislamiento de los leones evita la tentación de lanzarse a la carrera para atacar a alguna de las gacelas que pasean tranquilamente por la sabana.

Tras haber dado cuenta de un buen almuerzo y una mejor charla en el restaurante situado a la entrada, desde donde se ve a una de las apuestas cuidadoras dar de comer a dos jirafas con aspecto de estar bastante aburridas, tiemblo emocionado como un niño mientras preparo la cámara de mi teléfono móvil para sacar lo más cerca posible, pero sin salir del coche, todas las fotos que pueda del rey de la selva. El vehículo tiene las puertas bien aseguradas y las ventanas con los cristales hasta arriba por si las moscas.

Se preguntará algún lector qué hace este hombre, que dice haber venido a recoger material para escribir un libro sobre la vida de dos sudafricanos, entregándose al vulgar turismo de masas y terminando la jornada saliendo por una enorme tienda de recuerdos en la que le tientan para que compre una camiseta con el retrato de un león y la leyenda «*I love South Africa*» por un precio por el que podría casi comprarse un traje com-

pleto en una tienda de ropa en España. ¿No aprovecha-
ría mejor el tiempo visitando algún archivo histórico o
entrevistando a alguna de las figuras destacadas de la
lucha *antiapartheid*? ¿O será que, acaso, ha querido
vivir, en tiempo de Cuaresma, una experiencia cercana
al profeta Daniel en el foso de los leones?

Todo tiene su explicación: el Lion Safari Park se
encuentra al lado, como quien dice, de la puerta de
entrada de la agencia sudafricana de energía nuclear,
conocida hasta 1982 como Atomic Energy Board
(AEB). Ese año cambió su nombre y pasó a llamarse Atomic Energy Corporation. En 1999 mudó a su
denominación actual: Nuclear Energy Corporation of
South Africa (NECSA). Es un lugar muy ligado a la
vida de Phillip y –aprovechando que el Pisuerga pasa
por Valladolid– en mi empeño por ver los lugares vinculados a su experiencia, esa feliz coincidencia nos ha
servido de pretexto para llegar aquí. No hemos entrado en el recinto de la NECSA, cuyo ingreso está re-
gulado por un muy estricto protocolo de seguridad, y
me he limitado a ver, desde el coche, la entrada por la
que Phillip pasó miles de veces en su vida, imaginando
los pensamientos y los planes que bullían en su interior. Mientras miro con respeto a un impresionante
león macho de abundante melena que se ha acercado
a apenas metro y medio de distancia de nuestro coche
y que nos observa fijamente, atisbo en el horizonte,
entre dos montañas, a unos cientos de metros de distancia, dos altas torres que un ignorante como yo des-
cribiría como reactores nucleares. Mientras me fijo,
alternativamente, en el león y en esas construcciones,
no sabría decir qué me da más miedo.

Antes de trabajar en la agencia nuclear, el joven Phillip, al que habíamos dejado con su bachillerato recién terminado en 1975, cursó la carrera de Ingeniería Electrónica en la Universidad de Ciudad del Cabo, el mismo lugar donde su padre había estudiado de 1945 a 1949, tras haber servido, durante la Segunda Guerra Mundial, con la aviación sudafricana, la South African Air Force (SAF), en el sur de Italia.

Al subir por una gran escalinata cuyo primer peldaño comienza en un aparcamiento, uno se topa de frente con la vista de un majestuoso frontispicio de estilo arquitectónico griego al pie del Devil´s Peak, una de las montañas que dominan Ciudad del Cabo, próxima a la más conocida Table Mountain. Después del último escalón llama la atención un pedestal vacío que, durante muchos años, sostuvo una estatua de Cecil Rhodes. Primer ministro de la colonia de El Cabo a finales del siglo XIX, fue uno de los defensores más ardientes de la expansión del Imperio británico y fundador de Rhodesia, el actual Zimbabue. Derribada en 2016, no ha sido el único de los monumentos que en años recientes han atraído las iras de muchedumbres empeñadas en eliminar vestigios coloniales, incluidos nombres de calles y de plazas en honor de personajes que defendieron la segregación racial en Sudáfrica. Bajo una apariencia de normalidad, aún persisten los traumas de un país que no ha terminado de reconciliarse con su pasado.

Más allá del pedestal vacío, se divisa una impresionante panorámica de Ciudad del Cabo, bañada por el océano Atlántico, que brilla como una inmensa alfombra plateada bajo un cielo de un azul clarísimo digno de teñir el manto de un cuadro de la Purísima Concepción.

Fundada en 1829 como colegio, la Universidad de Ciudad del Cabo obtuvo su estatus actual en 1918. Fue la primera institución de educación superior en toda el África subsahariana. Hoy su amplio campus alberga facultades de Comercio, Ingeniería, Medicina, Humanidades, Derecho y Ciencias. Año tras año, figura en el lugar más alto de la clasificación de las mejores universidades del continente.

Por una amplia y muy agradable avenida peatonal, a la sombra de altos árboles de generoso follaje, pasean jóvenes de ambos sexos de todos los orígenes y procedencias –negros, blancos, indios, orientales, árabes...–, muchos de ellos llegados de otros países. La escena es digna de una conferencia mundial de jóvenes organizada por las Naciones Unidas. Cuando el joven Phillip ingresó aquí para comenzar sus estudios de Ingeniería, el ambiente era muy distinto, puesto que la Universidad solo admitía, principalmente, a estudiantes blancos. Los candidatos negros o *coloureds* que querían cursar una carrera tenían que presentar una solicitud y obtener un permiso especial de las autoridades.

Durante sus primeros dos años, empezó viviendo en casa de una hermana de su padre, Nancy, en el barrio residencial de Newlands Forest, situado en la falda de la Table Mountain, lugar por el que, en aquella época, paseaban grupos de aficionados al senderismo. Hoy han levantado una verja que permanece cerrada a cal y canto. El no tan joven Phillip, que ha llegado al lugar 46 años después con la ilusión de revivir tiempos pasados, pregunta con educación en una de las casas del vecindario y le dicen que solo los residentes en la zona tienen la llave para acceder al bosque que bordea la montaña.

Phillip era, en aquellos años, un joven de carácter introvertido y poco dado a gozar de una animada vida social. Se pasaba horas y horas solo en su habitación, enfrascado en la electrónica, actividad de la que era un gran apasionado. Todos los días iba en ciclomotor a clase desde la casa de su tía, que era viuda y había vivido bastante tiempo sola. Pero a los 60 años, la buena señora se volvió a enamorar. El afortunado fue un apuesto irlandés y cuando el novio empezó a frecuentar a Nancy en su casa, Phillip pensó que sería mejor buscar otro alojamiento. Se mudó a una residencia de estudiantes en el barrio de Rosbank, donde vivió durante un año. Después se trasladó a la residencia universitaria, donde permaneció hasta su graduación en 1979.

Newlands Forest y el también exclusivo barrio de Rondebosch han sido siempre las zonas más populares de la clase media alta de Ciudad del Cabo. Cuando Phillip circulaba por sus amplias y arboladas avenidas en su motocicleta, los únicos negros que uno veía paseando por sus cuidadas aceras eran los jardineros, las cocineras, las niñeras, los limpiadores o los guardias de seguridad, todos ellos bien uniformados, que estaban autorizados a trabajar en las casas de familias blancas de estas zonas. La Policía realizaba patrullas frecuentes. Para circular por allí a partir de cierta hora al atardecer, los negros que estaban allí por motivos de trabajo tenían que presentar el odiado pase, un documento que toda persona de color debía llevar y que limitaba su acceso a las zonas reservadas a los blancos. En el documento estaba anotado si tenía permiso para pernoctar en su zona de trabajo, lo que equivalía a decir en los aposentos de servicio de la casa donde servía. Un negro que se encontrara por estas calles a horas tardías y sin ese documento tenía todas las papeletas para ser detenido y pasar la noche en comisaría.

Bañada por dos mares y envuelta en un clima envidiable casi todo el año, Ciudad del Cabo es una ciudad muy agradable. Siempre lo ha sido, aunque no para todos. Mientras nos acercamos a su zona más céntrica, Phillip me muestra el conocido como Distrito Seis. En la década de los 60 del siglo pasado miles de personas de color fueron expulsadas de sus viviendas por la Policía para ser realojadas en un terreno a las afueras de la ciudad, en el nuevo barrio de Cape Flats. Las autoridades se acogieron a la conocida como Group Areas Act (Ley de Áreas para Grupos), que determinaba dónde podía vivir cada persona de acuerdo a su clasificación racial. Aquel traumático acontecimiento ha quedado reflejado en varias novelas de escritores de fama —Sudáfrica tiene dos Premios Nobel de Literatura— como Ruth Alexander, Alan Paton, Cloete Breytenbach y Rozena Mart, que encontraron inspiración en las dolorosas experiencias de los habitantes del Distrito Seis, que de la noche a la mañana dejaron atrás todo un bagaje de historia familiar y de recuerdos que se extendían a varias generaciones pasadas.

La infraestructura de carreteras y autopistas en Ciudad del Cabo y sus alrededores es impresionante.

Sus residentes alaban al gobierno local, dirigido por la Alianza Democrática[2], por el buen mantenimiento de sus infraestructuras. Pasamos por algunos de los lugares más emblemáticos de la ciudad, como el hospital memorial del doctor Christian Barnard, el cirujano natural de Ciudad del Cabo que se hizo famoso por realizar el primer trasplante de corazón, en 1967. Seguimos por la gran avenida que lleva el nombre de Helen Suzman, una conocida activista *antiapartheid,* y llegamos al gran estadio de fútbol, que lleva el nombre de DHL, construido para la celebración del Mundial de Fútbol que Sudáfrica albergó en 2010.

Pero el área de Ciudad del Cabo con más encanto es, sin duda, la amplia zona que se extiende a orillas del mar, en un largo paseo marítimo frecuentado por turistas, donde el alquiler de un apartamento puede costar el equivalente a 2500 euros al mes. Hay lugares bastante más baratos. De hecho, muchos profesionales que se han apuntado al teletrabajo han elegido la ciudad como un lugar tranquilo donde pueden encontrar apartamentos asequibles a sus bolsillos o a los presupuestos de sus empresas, con precios inferiores a los 1000 euros al mes, desde donde trabajan conectados en un entorno envidiable. Zonas a orillas del mar como Clifton, Muizenberg, Hout Bay, Saint James, Sea Point, Chapman´s Peak y Somerset West se alternan con barrios de casas hechas de hojalata y materiales de desecho donde malviven, como okupas,

---

[2] La Alianza Democrática ha sido históricamente un partido opositor en el ámbito nacional. Desde 2024, tras las elecciones generales en las que el Congreso Nacional Africano perdió la mayoría absoluta por primera vez desde la caída del *apartheid,* la AD forma parte, con otras diez formaciones del primer Gobierno de unidad nacional en la historia del país (N. del e.).

miles de familias que se han instalado de manera ilegal en terrenos en los que no hay servicios básicos.

60 kilómetros más al sur se llega al cabo de Buena Esperanza. El país es enorme y las distancias pueden resultar engañosas. Al sur de Ciudad del Cabo se extiende una larga lengüeta de tierra, a modo de apéndice, con un mar distinto en cada litoral. Al alcanzar la costa oriental, en la zona de Fish Hoek, Phillip me propone ir a Boulder Beach, a 40 kilómetros más al sur, una playa famosa por sus pingüinos que atrae a numerosos turistas. Me pongo a calcular la distancia que aún nos queda por recorrer hasta llegar a su casa familiar, que no está en esa dirección, más las personas a las que tiene previsto visitar en el camino y el tiempo del que disponemos, y no tengo más remedio que declinar su amable invitación.

—Te lo agradezco muchísimo, pero si vamos allí no estoy seguro de que vayamos a tener tiempo para todo.

Y, como si necesitara justificar mi disculpa, añado:

—Ya me gustaría, pero la verdad es que no he venido a escribir un libro sobre pingüinos.

* * *

Con veintipocos años a Phillip le seguía sonriendo la suerte. Tres semanas después de terminar Ingeniería con excelentes calificaciones ya tenía una oferta de trabajo en firme en la AEB, a 30 kilómetros de Pretoria. Tras hacer las maletas en su casa familiar de Elgin, se dispone a realizar el viaje de algo más de 1400 kilómetros por carretera hasta Pretoria. Es la primera vez que viaja solo fuera de su región natal del Cabo Occidental, pero una casualidad de la vida hace que no se desplace solo. A los pocos kilómetros de salir, se encuentra con un hombre que hace autostop. Duda un momento y decide pararse. El autostopista se dirige a Johannesburgo, a pocos kilómetros de Pretoria. Monta en el coche y durante tres días es su compañero de viaje. Pasan dos noches durmiendo en la carretera. Se llama Gerald Walmsley y es sacerdote jesuita. Cuando llegan a Johannesburgo, un 27 de diciembre, se dirigen a la parroquia donde trabaja y comen con su comunidad antes de continuar el viaje a su destino.

En la AEB, Phillip se encuentra con unas condiciones de trabajo muy favorables. Un autobús de la empresa recoge a Phillip todos los días y le lleva hasta la puerta de la oficina. Al terminar la jornada, le devuelve a su casa. Le han encomendado diseñar sistemas de informática y de control de calidad, tareas para las que está capacitado de sobra. Tiene un trabajo con un contrato fijo, está muy bien remunerado y dispone de grandes posibilidades de promoción en una empresa que cuida el bienestar de sus empleados. Pronto se compra un apartamento en Tamara Flats, en Pretoria, que le dará una independencia envidiable. Se enfrasca tanto en su nuevo empleo que se le olvida incluso acudir a la fiesta organizada con motivo de las bodas de plata de sus padres.

En la Agencia no trabajan negros. Incluso los empleados que realizan tareas de limpieza son blancos. En su interior rigen protocolos de seguridad muy estrictos y se espera que todos los trabajadores los cumplan a rajatabla. Las normas insisten en la obligación de guardar una discreción absoluta sobre todo lo que hagan, oigan o vean en el interior de sus instalaciones, bajo pena de ser llevados a los tribunales acusados de haber infringido la ley de secretos oficiales.

Phillip no es ni un inconsciente ni un ingenuo. Conoce muy bien su trabajo y poco a poco empieza a sospechar que algunas de las tareas que sus superiores le encomiendan, y sobre cuya finalidad no le dan demasiadas explicaciones, están encaminadas a contribuir al desarrollo de un complejo engranaje destinado al proyecto de construcción de la bomba atómica. Son los años de la Guerra Fría en los que el espectro de una posible guerra nuclear domina la política internacional. En Sudáfrica, el régimen del *apartheid* responde de forma agresiva y amenazante a las proclamas de otros países del continente que rechazan la discriminación racial y llaman a liberar lo que llaman «la última colonia». Sudáfrica participó activamente en una carrera armamentística de primer orden y llegó a tener seis bombas atómicas. Pudieron ser siete, pero la última no llegó a ser completada. Aunque no las empleó, sí usó su posición de potencia nuclear como fuerza disuasoria para dejar bien claro que estaba dispuesto a utilizar todos los medios a su alcance contra quien quisiera que le pusiera demasiada presión.

Como nota curiosa, hay que destacar que Sudáfrica ha sido el único país del mundo que, de forma voluntaria y por iniciativa propia, desmanteló su arsenal nuclear. Empezó poniendo fin a su programa de armas nucleares en 1989. Dos años más tarde firmó el Tratado de No Proliferación de Armas Nucleares e inutilizó las bombas atómicas que había fabricado. Si alguien piensa que lo hizo por una conversión repentina hacia la paz y el amor fraterno entre los pueblos, más vale que se baje de la nube de sus falsas ilusiones. A principios de los 90, los dirigentes blancos sudafricanos ya se olían por dónde soplaba el viento de la política internacional y vieron que, les gustara o no, tendrían que poner fin muy pronto al sistema del *apartheid* so pena de quedarse aislados. Deberían aceptar que los negros votarían en un futuro no muy lejano, como de hecho ocurrió en las primeras elecciones democráticas de 1994. Ante esta perspectiva, les aterraba pensar que las bombas que habían construido podían llegar un día a estar controladas por el Congreso Nacional Africano (CNA) de Mandela. Para evitar posibles quebraderos de cabeza, decidieron acabar con ellas cuando aún estaban a tiempo.

Pero en 1984, el país estaba en plena actividad para construir su arsenal de armas nucleares. Phillip entiende que le están utilizando como una pieza importante en la maquinaria de producción de aquel artefacto que puede matar a cientos de miles de personas a la vez. Estos pensamientos le atormentan cada vez más y le corroen por dentro, aunque, dado su carácter reservado, no se atreve a compartir sus inquietudes con nadie.

Al mismo tiempo, tiene que compaginar su trabajo en la AEB con el servicio militar, que ha comenzado en 1980. Cada vez le disgusta más aquel ambiente castrense el que intentan inculcar a los jóvenes reclutas que hay que dominar a la mayoría negra por la fuerza. Por si fuera poco, en su interior está viviendo una profunda crisis de fe que toca lo más íntimo de su ser. A veces está convencido de que es ateo, pero en otras ocasiones piensa que le queda un rescoldo de la creencia que alimentó su vida interior desde su niñez. De hecho, por influencia de algunos amigos, ha empezado a frecuentar una iglesia bautista en Pretoria llamada Hatfield Baptist Church, convencido de que algo de bien le puede hacer. Allí vive una espiritualidad con una fuerte carga emocional que le empieza a llenar el corazón, hasta entonces vacío a pesar de sus éxitos profesionales y su buena posición económica. En la iglesia predican que serán salvados si aceptan a Jesucristo. En las celebraciones se impregna de felicidad y de una alegría contagiosa.

Pero su vida sigue sin estar libre de altibajos que le causan una gran desazón. No sabe muy bien cuál es la causa de ese vacío interior. Pasados algunos años escribe en su diario:

> El Señor me salvó de un posible suicidio cuando estaba haciendo prácticas de tiro en la base militar de Kroonstad en julio de 1980. No veía ningún propósito ni dirección a mi vida y vivía inmerso en un gran vacío. Fue la mano de Dios la que me salvó en más de una ocasión de la tentación de apuntar el fusil hacia el interior de mi boca para terminar con mi vida.

A pesar de todo, las raíces de la vida espiritual de Phillip están hundidas en la fe que ha mamado desde niño en la Iglesia anglicana. Un día deja de ser asiduo de la Hatfield Baptist Church y empieza a acudir a los cultos de Saint Stephen´s, un templo anglicano donde viven también una espiritualidad carismático–pentecostal que en Inglaterra llaman *Happy clappy*, que se expresa en dar fuertes palmadas cuando cantan y proclamar en todo momento la cantinela de «Dios te ama, hermano, aleluya, aleluya». Como si se tratara de dos tendencias que no siempre conviven con facilidad, los en apariencia más liberales del *Happy clappy* se oponen a los más tradicionales de la sensibilidad conocida como *Smells and bells,* en referencia a sus rituales más encorsetados, a base de incienso y repique de campanas. Mientras, siguen brotando en su interior preguntas que nunca antes se había hecho y para las que no encuentra respuestas. Un día de 1982 escucha al obispo anglicano Desmond Tutu predicar en la Catedral de Saint Albans, en Pretoria. Cuando le oye hablar sobre la dignidad humana querida por Dios y pisoteada por la discriminación racial en la sociedad sudafricana, sus palabras le llegan a lo más profundo de su ser. Tutu habla como un nuevo profeta Elías cuyas palabras surgen como fuego e interpelan a sus oyentes sin posibilidad de mirar para otro lado.

Comparte con sus amigos de Saint Stephen's la honda impresión que le han causado las palabras del arzobispo y se da cuenta de que está mencionando la horca en casa del ahorcado. Algunos de ellos no le pueden ver ni en pintura, mientras que a otros sus palabras hace temblar los cimientos de las convicciones con las que siempre han vivido. La espiritualidad carismática, basada en las emociones, que viven en Saint Stephen´s tiene muy poco que ver con un cristianismo impregnado de espíritu profético que denuncia las injusticias, afirma el valor de los derechos humanos y exhorta a derribar el sistema perverso del *apartheid*.

Algunos de sus compañeros de culto que dan palmas con Phillip afirman, incluso con ira, que Tutu –al que se resisten a aceptar como su obispo– es un comunista y un agente del demonio.

Todo lo que llevaba tiempo hirviendo en el corazón de Phillip tenía que terminar por salir al exterior como si se tratara de una olla a presión a la que han quitado la válvula. En noviembre de 1984 escribe una carta a la dirección de la Atomic Energy Corporation para comunicar que dimite de su puesto y abandona la empresa. No quiere contribuir a desarrollar un artilugio que puede utilizarse para matar a miles de seres humanos. Sus superiores se quedan de piedra y piensan que, probablemente, lo que en realidad quiere es más dinero. Intentan convencerle en vano con todo tipo de argumentos. Su decisión es firme y no hay más que hablar.

Pero, al mismo tiempo, Phillip tiene un plan que le apasiona. En la Iglesia anglicana ha conocido a Stephen Hayes, un reverendo que le ha hablado de una escuela que tenían en la ciudad de Jane Furse, en la provincia norteña del Limpopo y que ha estado inactiva durante las últimas décadas. En el último Sínodo de la Iglesia anglicana en Sudáfrica han tomado la decisión de reabrirla para ofrecer educación de calidad en una zona muy necesitada a cientos de adolescentes negros. Cuando Phillip escucha eso, piensa que por fin ha encontrado un camino para poner en práctica la espiritualidad que ha renacido en él y que cree que le va a llenar, por fin, el corazón: dedicarse al servicio de las víctimas de la discriminación racial y ayudar a sus hermanos sudafricanos a los que, hasta ahora, ha tenido muy poca ocasión de tratar.

Acaba de quemar sus naves, pero, por primera vez en muchos años, se siente inmensamente feliz. Pronto completará esta decisión con otra no menos transcendental que también le acarreará no pocas incomprensiones. Nunca se arrepentirá de haber tomado ninguna de las dos.

* * *

En aquellos mismos años, Hazel continúa con su educación secundaria en el Guardian Angels College de Glen Cowie. Como es costumbre en la cultura pedi, en 1976, cuando inicia la adolescencia, tiene que pasar algunos meses en los ritos de iniciación. Los chicos pasaban por este trance en el bosque, mientras que a las muchachas les iniciaban en los secretos de la comunidad en sus casas.

Muy lejos de su pueblo, en el *township* de Soweto, a pocos kilómetros de Johannesburgo, ha ocurrido un hecho de gran magnitud que está dando la vuelta al mundo y provocando una enorme indignación: tras la decisión del Gobierno del *apartheid* de anunciar la obligatoriedad de estudiar en afrikáans, la lengua de la minoría blanca opresora, los estudiantes negros se han rebelado y han salido a las calles a manifestarse. En la mañana del 16 de junio de 1976, varios miles de estudiantes marcharon de forma pacífica por las calles de Soweto. La Policía respondió con una violencia inusitada. Primero azuzaron a los perros, que fueron recibidos con pedradas por parte de los jóvenes. Acto seguido abrieron fuego con sus fusiles. Varios cientos de personas —las cifras varían según las fuentes—

murieron. Aquella manifestación se convirtió en una masacre. Ese mismo día, el Gobierno sudafricano declaró el primer estado de emergencia, que fue seguido de otros más, implantando un férreo sistema de control que estuvo vigente durante 13 años y que facilitó la detención y tortura de al menos 10 000 personas durante aquellos años de terror.

Hazel vive en un lugar donde todos estos acontecimientos quedan muy lejos. Algo han oído en su casa y en su pueblo, pero siempre han tenido la sensación de vivir en un mundo aparte, bastante aislado, en el que no podían hacer nada. Como ella misma recuerda, «en el mundo rural, el movimiento *antiapartheid* aún no tenía mucha influencia».

En 1985, Hazel completa su educación secundaria. Ella quiere seguir adelante con sus estudios, pero su padre no tiene dinero para ello. Tras encontrar otras fuentes de financiación, procedentes de la Iglesia católica y de algunos amigos, tres años después, en 1986, consigue ingresar en la Universidad de Limpopo para estudiar Magisterio, carrera que entonces no llega a terminar. Para pagar las tasas escolares, en numerosas ocasiones tiene que pedir dinero prestado que después le cuesta mucho devolver. Estas dificultades económicas le provocan una enorme tensión que no le permite disfrutar de un ambiente tranquilo para poder concentrarse en los estudios.

Su estrés se manifiesta en forma de úlceras estomacales y en un insomnio insoportable. Sus padres se preocupan de su estado de salud y, en busca de una solución, la llevan no a un médico, sino a la Iglesia de Sión, en el pueblo de su madre, Ngwaritse, donde dicen que hay un profeta con fama de curar todas las dolencias con su poder espiritual. La Iglesia de Sión es una secta que utiliza una gran parafernalia de ritos en los que mezclan creencias bíblicas, generalmente del Antiguo Testamento, con costumbres tradicionales africanas. Una de las claves de su éxito es la promesa, expresada en una lógica de parvulario, que hacen a los que acuden a su templo de solucionar, de un plumazo, todos sus problemas –enfermedades, crisis familiares, pobreza, desempleo...– a base de milagros más instantáneos que el café soluble, a condición, claro está, de que sigan a pie juntillas todas las instrucciones del pastor sin rechistar. Este te obliga, además, a comprar todos sus medicamentos, té, azúcar o leche en su propia tienda.

Cuando llevan a Hazel, el profeta afirma sin ningún género de dudas que, si se quiere curar, el primer paso que tiene que dar es bautizarse con ellos. Hazel se niega. Ella ya está bautizada en la Iglesia católica y no tiene ningún deseo de cambiarse a ese grupo, que le inspira una gran desconfianza. Insisten, pero su testarudez, uno de los rasgos dominantes de su carácter, se alza como una barrera infranqueable. Al final, una noche, mientras duerme, irrumpen en su habitación, la agarran con firmeza, la conducen al templo mientras ella lucha inútilmente por zafarse, y la sumergen a la fuerza en una piscina de agua.

La Iglesia de Sión fue fundada en 1910. Está considerada como la Iglesia independiente africana más potente en el país. A la joven Hazel no le gusta nada lo que intentan imponerle: a las mujeres les han prohibido todo lo que podría interpretarse como un signo ostentoso de belleza, como ir con la cabeza descubierta, vestir atuendos con manga corta o escotes, maquillarse y no digamos ir con minifalda o pantalones ajustados. Hazel reacciona como corresponde a su carácter inconformista: resiste a base de hacer justo lo contrario de lo que le mandan. Hasta que llega un momento en el que se cansan de ella y la dejan por imposible.

La neófita fracasada en las filas de los sionistas vuelve a casa de sus padres. Sigue con las úlceras y con mucho estrés, pero aún no se ha dado por vencida.

* * *

Volvamos al parque de los leones aquel sábado por la mañana tres décadas más tarde. Durante la comida previa a la visita, una sobrina de Hazel y Phillip que nos acompaña junto con su madre, nos confía sus planes para el futuro. Se llama Khosi, tiene 19 años y, con una fresca espontaneidad que transmite simpatía, comparte con los presentes sus perspectivas. Dice, entusiasmada, que quiere estudiar Derecho en la universidad. Mientras apuro las últimas patatas fritas de la bandeja, le dirijo una sonrisa de aprobación y le respondo, para animarla:

–Muy bien, esa fue la carrera que estudió Nelson Mandela. Ojalá llegues a ser como él.

La muchacha se me queda mirando con dos palmos de narices como si no esperara mi cumplido.

–Ah, ¿de verdad que Mandela estudió Derecho? No lo sabía.

Su tío, que ya está curado de espantos y que –como pronto empezaremos a ver– conoce muy bien la mentalidad de los jóvenes por su experiencia como profesor de Secundaria, de momento no dice nada. Pocas horas después, habla de ello:

—No te sorprendas. Las nuevas generaciones desconocen casi todo sobre los años del *apartheid* y el tema no les interesa en absoluto. Viven inmersos en su mundo de redes sociales, películas de ciencia ficción, canciones de hiphop y videoconsolas.

Otros, no tan jóvenes, sí han conocido el pasado, pero prefieren negarlo y reescribir la historia.

El *apartheid* terminó oficialmente en 1994 con las primeras elecciones democráticas y no raciales en las que Nelson Mandela fue elegido presidente. Ha pasado el tiempo, pero este sistema, que empezó en 1948 cuando el Partido Nacionalista afrikáner ganó las elecciones, ha dejado secuelas en el país, provocando traumas muy profundos no solo en los que lo padecieron, sino también en los que lo impusieron e incluso en los que se aprovecharon de él.

El sistema se basó en la división de los diferentes grupos raciales para promover el «desarrollo separado», con el propósito de que la minoría blanca conservase el poder y sus privilegios, aprovechándose del trabajo barato de la mayoría negra, a la que se le negaban los derechos fundamentales. Toda persona nacida en Sudáfrica era clasificada en el grupo racial que le correspondía: blanco, negro, *coloured* o indio. Dado que podía resultar complicado clasificar a algunas personas que habían nacido después de varios mestizajes durante generaciones, los legisladores llegaron a establecer criterios que hubieran provocado la risa si no fuera por el dolor que causaban, como la prueba de poner un lápiz en la cabeza del sujeto pendiente de clasificación en caso de duda. Si el lápiz se quedaba sujeto al pelo rizado, la persona era catalogada como negra. Si caía al suelo al resbalar por los cabellos lacios, se la etiquetaba como blanca.

Los negros no podían vivir en zonas asignadas para blancos. La Ley de Áreas para Grupos determinaba dónde debían vivir las personas, reservando –cómo no– las mejores zonas urbanas y rurales para los blancos. Los negros fueron relegados a ciudades dormitorio marginales conocidas como *townships* desde donde se desplazaban a diario para trabajar en las industrias o como sirvientes en los barrios de los blancos. En las zonas rurales, el Gobierno forzó a millones de personas a abandonar sus hogares para instalarse en los llamados bantustanes, reservas tribales a las que en teoría el Ejecutivo había concedido la independencia para así privarles de la ciudadanía sudafricana y desentenderse de la obligación de proporcionarles servicios sociales básicos. Ningún país del mundo reconoció a estos estados artificiales, creados sin ningún criterio que tuviera que ver con el derecho internacional.

La población sudafricana negra no tenía derecho al voto, excepto en el caso de los bantustanes, ni podía desarrollar actividades políticas, ni afiliarse a sindicatos. Tampoco podía adquirir tierras y, por si fuera poco, podían ser desposeídas de las suyas si a las autoridades blancas les venía en gana. En la práctica, el 87 % de las tierras quedó en manos de la minoría blanca, que desarrolló una agricultura comercial a gran escala que fue una de las bases de su prosperidad. La lucha por la tierra fue una de las causas que estuvieron detrás de la detención del abuelo de Hazel, que pasó varios años en la cárcel, condenado bajo las leyes del *apartheid*.

En la vida diaria, los transportes públicos estaban divididos en zonas y compartimentos diferentes, para blancos y negros, como también el acceso a clínicas, oficinas de correos, juzgados y también lugares de ocio como cines, parques públicos, restaurantes o playas. Durante una visita anterior a Sudáfrica, en 1998, conocí a un sacerdote mexicano que años atrás, cuando aún existía la segregación racial regida por las leyes, con toda la mala uva del mundo, después de la misa dominical que había celebrado en alguno de los *townships* de su parroquia, invitaba a alguno de sus parroquianos a acompañarle para comer juntos en algún restaurante cercano. Cuando entraban y el camarero, profundamente incómodo, le decía que sus acompañantes negros no podían quedarse, montaba un follón de mil demonios para que todo el mundo le oyera y se marchaba con sus amigos dando un portazo.

Otros aspectos de la vida diaria eran aún más humillantes. Ya hemos hablado en el capítulo precedente de la existencia de dos sistemas educativos: uno para blancos y otros para las gentes de otras razas. Incluso la sanidad estaba segregada. Durante los años en los que Hazel frecuentaba la parroquia católica en Glen Cowie, uno de los párrocos, un misionero español, fue avisado una noche de que una de las chicas del internado acababa de ser mordida por una serpiente venenosa. La metió en su coche y condujo todo lo rápido que pudo hasta el hospital más cercano, que resultó ser un lugar reservado a blancos y en el que se negaron a tratar a la chica, a pesar de estar en peligro de muerte. En aquellos años todo el mundo sabía que, en caso de accidente, al llamar a una ambulancia había que informar sobre la raza de la persona que necesitaba asistencia. Si era negra y el hospital estaba en una zona reservada a los blancos, el centro de salud podía negarse a enviar el vehículo.

El sacerdote echó mil maldiciones ante aquel despliegue de inhumanidad, pero no tuvo más remedio que conducir a velocidad de vértigo hasta llegar a otro hospital bastante más alejado, reservado para negros, donde atendieron a la muchacha y pudieron salvarla por los pelos.

Para completar el panorama, los matrimonios y las relaciones sexuales entre blancos y negros estaban prohibidas. El incumplimiento de estas leyes podía suponer penas de cárcel.

«El *apartheid* era un sistema diabólico», recuerda Hazel, «que nos humillaba en cada detalle de la vida cotidiana. Ibas a correos y tenías que entrar por otra puerta para negros. Ibas a una clínica y mientras que los blancos entraban a una sala de espera con sillones, los negros entrábamos por otra puerta y teníamos que esperar de pie muchas horas. Todos soñábamos con un cambio. Hay gente que dice que la democracia no ha traído nada bueno, pero eso no es verdad».

Y para corroborar todo lo que acaba de señalar, añade:

–Si el *apartheid* hubiera seguido, yo no me habría podido casar con Phillip.

El *apartheid* se terminó en 1994 con una nueva Constitución que proclamaba la igualdad de todos los sudafricanos, con independencia de su origen, y abolía todas las leyes promulgadas en décadas anteriores en nombre de la segregación racial.

* * *

Sin embargo, cambiar las leyes no es lo mismo que cambiar las mentalidades.

Una mañana, acompañando a Phillip y Hazel a hacer unas compras en uno de los supermercados que se encuentran en el interior de uno de los omnipresentes centros comerciales donde uno puede encontrar prácticamente de todo, un hombre ya entrado en años, elegantemente vestido, con una barba blanca bien cuidada, se topa de frente con la pareja y saluda con una gran sonrisa:

–Buenos días, Phillip. Hace tiempo que no nos veíamos. ¿Qué tal estás?

El bueno de Phillip apenas tiene tiempo de responder al saludo, mientras el hombre, que resulta ser de origen checoslovaco y es vecino del barrio donde viven, sigue con su conversación. Cuando hace una pausa para respirar, Phillip aprovecha para intervenir:

–Por cierto, ¿te acuerdas de Hazel, mi mujer?

Los dos se ríen. Algo me dice que su risa es una reacción que comunica un mensaje que podría expresarse así: «¿Qué le vamos a hacer?, ya estamos acostumbrados».

Salvo que tenga un astigmatismo muy pronunciado, el dandi de la barbita blanca ha visto muy bien a Hazel, que está en su campo visual directo, pero a la que no ha saludado. Menos mal que Phillip ha dicho «mi mujer» . Sospecho que, de no haberlo hecho, su vecino probablemente habría pensado que se trataba de su criada que le acompaña para llevarle las bolsas de la compra al coche.

Si cambiar las mentalidades es difícil, aún es más complicado modificar las consecuencias que un sistema de leyes injustas puede tener durante mucho tiempo, y cuyos efectos perversos pueden llegar a afectar a muchos aspectos de la vida cotidiana de varias generaciones.

Capítulo 5

UNA ESCUELA LLAMADA SAINT MARK'S

«Gracias a Saint Mark's aprendí que ser alguien en la vida no tiene nada que ver con la riqueza que tengan tus padres».

Given Mpityle Tsoka, antiguo alumno

–*Unjani!*

La joven camarera que acaba de servirnos unos platos de merluza se queda sorprendida al oír a un blanco saludarla con decisión en su lengua, el isixhosa, una de las más habladas en la zona de El Cabo. Tras esbozar una sonrisa de oreja a oreja, responde sin dudarlo.

–*Ngiyaphila.*

Tras el intercambio de algunas frases más en la misma lengua, hecho que atrae la atención de otras dos de sus compañeras del Hotel Vineyard, un elegante local cuya construcción data de finales del siglo XVIII, Phillip se deshace en elogios hacia el buen gusto con el que está todo puesto en el jardín del restaurante, lo exquisita que está la comida y la profesionalidad del servicio. Aprovechando el ambiente de risas y buenas vibraciones, señala con discreción a las personas que a esta hora del mediodía llenan todas las mesas y pregunta en voz baja, con una sonrisa cómplice, por qué todos los clientes, sin excepción, son blancos.

–Este sitio está muy bien para venir en familia. Podríais venir aquí con los vuestros a pasar un buen rato durante el fin de semana. ¿Qué pensáis?

Dos de sus compañeras –también negras, como todos los camareros y los cocineros– se han acercado al lado de nuestra mesa a participar en el inusual coloquio. Las risitas con las que reciben la pregunta auguran un ambiente de simpática complicidad. Una de ellas responde:

–Hay que ahorrar, señor. El sueldo aquí no está mal, pero yo tengo que pagar 3 000 rands al mes –unos 150 euros al cambio– por mi seguro médico, otro tanto por el de mi hijo y no están las cosas como para andar gastando el dinero en restaurantes.

Poco antes de entrar al hotel, al aparcar el coche, a Phillip se le ha acercado un vendedor ambulante para mostrarnos su mercancía de collares y pulseras de abalorios. Al preguntarle de dónde es, le ha respondido que de Zimbabue y Phillip se ha quedado con él unos minutos intercambiando algunas frases en lengua ndebele. En Sudáfrica hay miles de inmigrantes y refugiados zimbabuenses y de otros países africanos como Mozambique, Ruanda, Burundi, la República Democrática del Congo o Sudán que muchas veces intentan ocultar su origen ante la creciente xenofobia que se expande como un cáncer desde hace ya varias décadas. Al final, Phillip no ha comprado nada, pero estoy seguro de que el vendedor, que debe pasar muchas horas recibiendo la indiferencia de los viandantes a los que se dirige, se ha quedado con la buena impresión de que hoy alguien le ha tratado como a un hermano.

Acababa de tener mi primer encuentro con Phillip unas pocas horas antes y la primera impresión que tuve de él fue la de un hombre libre y feliz, perteneciente al club —poco frecuentado, por desgracia— de las personas que tienden puentes y crean entendimiento. No tiene prisa y cuando habla con alguien, aunque sea la primera vez que le encuentra, lo único que parece existir en aquel momento para él es la persona que tiene delante. Responde poco al perfil que la mayoría de los negros tienen de los blancos en Sudáfrica como personas arrogantes que se creen superiores. Su carácter, forjado en una infancia y una juventud en las que orientó su vida hacia sus compatriotas más desfavorecidos, le llevó a tomar decisiones que marcarían un rumbo muy singular.

* * *

Para asomarnos a la primera de ellas, volvamos algo más de 40 años atrás ¿Por qué razón el joven Phillip ha dejado un puesto muy buen pagado, con grandes posibilidades de promoción, para ir a trabajar de maestro a un lugar lejano y perdido, donde no ha estado nunca, para enseñar a adolescentes negros que, como pronto descubrirá, tienen un nivel académico muy bajo? No hace falta entrar mucho en detalles para saber que el sueldo que una institución de la Iglesia anglicana podía permitirse pagarle era mucho más bajo que el del puesto de la agencia nuclear de la que acaba de dimitir.

El colegio Saint Mark´s, donde el joven Phillip decidió ir a trabajar como profesor está ligado a la historia de la ciudad que lo alberga, Jane Furse. Un obispo anglicano de Pretoria, el reverendo Michael Furse, quien ejerció su ministerio a principios del siglo XX, tuvo la desgracia de perder a su hija cuando a la niña le faltaban apenas dos meses para cumplir los 14 años. A causa de esta desgracia, decidió fundar una misión que llevara su nombre para honrar su memoria. Empezó con la construcción de un hospital y una escuela primaria en torno a las cuales se desarrolló un importante centro de población. Algunos años más tarde, la Comunidad de la Resurrección, ligada a la Comunión Anglicana, construyó un complejo escolar formado por edificios de piedra, material que abunda en la zona. Aquel proyecto duró poco. Al llegar al poder Hendrik Verwoerd, el *apartheid* se impuso con sus leyes draconianas y las instituciones religiosas que ofrecían una educación de calidad a los negros se vieron sometidas a una gran presión para echar el cierre. De este modo, la Comunidad de la Resurrección tuvo que dejar su proyecto educativo y los edificios se quedaron en un estado de abandono que duraría varias décadas.

Cuando el Sínodo de 1984 de la Iglesia anglicana sudafricana decidió volver a abrir la escuela, tuvieron que actuar con decisión para conseguir los fondos necesarios y rehabilitar los edificios, trabajo este último que fue realizado por voluntarios de la Asociación de Estudiantes Universitarios Anglicanos durante sus meses de vacaciones. Lo hicieron a toda prisa y prácticamente terminaron el día antes en el que estaba previsto que la nueva escuela abriera sus puertas. Cuando se corrió la voz que la Iglesia anglicana iba a reabrir la escuela, las solicitudes de ingreso llovieron de todas partes, incluso de Soweto, donde los estudiantes negros estaban hartos de lo que llamaban la «educación alcantarilla», de pésima calidad, que era la única que se les ofrecía. Aspiraban a ir a un centro que les ofreciera un mejor nivel.

El joven Phillip está lleno de idealismo, pero eso no le impide actuar con prudencia e informarse bien antes de tomar una decisión importante. Poco antes de presentar su dimisión en la Atomic Energy Corporation, en octubre de 1984, realiza una discreta visita a la escuela para hacerse una idea de cómo es el lugar. Pocos meses después, en enero de 1985, llegan los primeros alumnos. Son 62, todos ellos negros, y corre la noticia de que muchos más desean matricularse. Su director es un sacerdote anglicano, Robert Clucas, que pocos meses después será reemplazado por Peter Anderson, antiguo director de la Escuela Primaria Bishops durante los años 70, a quien Phillip conocía muy bien. Se instaló allí con su esposa Elisabeth, quien enseñaría Historia en sus aulas hasta 1998. Elisabeth falleció en marzo de 2025 tras haber pasado varios años disfrutando de su jubilación junto a su esposo, también retirado. A ella la recordarán siempre, entre otras cosas por haber construido y equipado una hermosa biblioteca que facilitó la tarea de los estudiantes, pero, sobre todo, por su carácter afable y su dedicación maternal con los alumnos, quienes siempre vieron en ella a una persona de gran corazón que los quiso de verdad durante los años de su servicio docente en Saint Mark´s.

El centro escolar pronto se convertirá en un poderoso foco de atracción para voluntarios y colaboradores llegados, sobre todo, de Inglaterra y Estados Unidos. Su compromiso contra viento y marea, durante los peores años del *apartheid,* atrajo numerosas simpatías internacionales que se tradujeron en un flujo constante de donaciones gracias a las cuales la escuela fue viable económicamente.

Allí llega Phillip en enero de 1985 dispuesto a impartir asignaturas de ciencias. Pero antes de empezar a explicar teoremas, álgebra y fórmulas, tiene que emplearse a fondo durante algunos días en tareas bastante más básicas, sobre todo cavar letrinas, porque a la escuela le falta un sistema básico de saneamiento. Pronto se lanza con entusiasmo a realizar su nuevo trabajo como profesor de Matemáticas, Física, Inglés y Geografía. Con él son cinco profesores. Su entusiasmo choca pronto con una realidad muy dura: sus alumnos, como suele ocurrir con los chicos negros obligados a seguir el currículum designado para ellos por la política educativa del *apartheid,* tienen un nivel académico muy bajo y les cuesta mucho seguir sus explicaciones, a pesar de sus esfuerzos por presentar las cosas de la forma más sencilla posible. El ritmo de enseñar seis horas al día, más la preparación de las clases, es agotador, pero con su energía Phillip puede con todo. Además, por las tardes y durante los fines de semana organiza actividades deportivas en la que no faltan participantes. Come y cena con los estudiantes, aceptando sin reparos su dieta de harina de maíz y verduras, con algún trozo de carne de vez en cuando. Tiene 26 años, está lleno de vitalidad y su nuevo trabajo no le defrauda. Por fin puede decir que es feliz.

Cuando visito el Saint Mark's en marzo de 2025 hay matriculados 618 estudiantes, según me informa su director, Ronald Sepudumo. Sus sólidos edificios de piedra, que se alzan en un recinto bajo la sombra generosa de abundantes árboles de jacaranda, le dan un aire acogedor y un ambiente de serenidad que invita al estudio. A poca distancia de sus instalaciones, se alza la escuela primaria de Saint Mark's, construida también por la Iglesia anglicana años después para completar el esfuerzo de elevar el nivel académico de la población.

Jane Furse fue, en los años 80, un importante centro de lucha contra el *apartheid,* donde hubo frecuentes choques entre estudiantes y policías, que realizaba redadas nocturnas en los internados escolares –el de Saint Mark's incluido–, en busca de cualquier escrito que pudieran considerar como un panfleto subversivo. Hoy es una atractiva ciudad llena de vida y con numerosas escuelas. Por la tarde, sus calles, flanqueadas de abundantes quioscos en las aceras, se llenan de jóvenes de ambos sexos que vuelven a sus casas al salir de sus centros escolares. La variedad de sus uniformes dan colorido a la escena vespertina. En la ciudad proliferan oficinas bancarias y centros comerciales que antes no existían, lo cual es una prueba de que la gente ha prosperado. En las escuelas hay el mismo número de chicas que de chicos, señal de que en el país se ha avanzado mucho en la cuestión de género.

Uno de los centros escolares que acoge hoy a un mayor número de alumnos en esta ciudad es la Jane Furse Comprehensive School. Su director, Pakeng Ntake, rebosa optimismo al hablar de los éxitos de la escuela, en la que estudian 2200 alumnos y trabajan 63 profesores. Sus bien cuidadas instalaciones dan una impresión de orden, disciplina y limpieza.

Mientras intercambia impresiones con Phillip y recuerdan los viejos tiempos en Saint Mark´s, salen a relucir dos nombres: el primero es el de la hija del señor Pakeng, que se graduó hace dos años en Geología en la Universidad de Pretoria y que, en abril de 2025, terminó un máster en la misma disciplina por la Universidad de Limpopo. El segundo es el de una conocida mujer de negocios, Mamongae Mahlare, una de las alumnas a las que Phillip dio clase y que años después fue la primera mujer negra que se graduó en Ingeniera Química por la Universidad de Witwatersrand, en 1994, antes de cursar un máster en la Universidad de Harvard (Estados Unidos). Hasta noviembre de 2024 fue la directora de Takealot, una gran compañía sudafricana de comercio a domicilio que funciona de forma muy parecida a Amazon.

Pero volvamos a los años 80. Cuando Phillip está inmerso en sus tareas docentes, decide empezar a aprender la lengua sepedi por su cuenta. Años más tarde se dedicaría a este aprendizaje a tiempo completo en la universidad y llevaría cabo uno de los proyectos a los que ha dedicado más tiempo y energías en su vida: escribir libros de física en inglés y en sepedi para facilitar el aprendizaje de sus alumnos.

Mientras tanto, el tiempo va pasando y Phillip, que ya se va acercando a la treintena, empieza a pensar que va siendo hora de echarse novia. La ocasión perfecta se presenta cuando, un día, llega a Saint Mark's una joven alemana de 25 años llamada Biggie. Es cooperante internacional en proyectos de desarrollo y ha venido para encargarse de la gestión de la granja que gestiona la Iglesia anglicana con el fin de generar ingresos para sus obras sociales. Se dedica de lleno a asegurarse de que las inseminaciones artificiales de las vacas se realizan según lo previsto.

Pronto se hacen amigos y empiezan a compartir experiencias. Congenian muy bien. Al poco tiempo, lo que empieza siendo una amistad empieza a transformarse en una relación de pareja que no hacen ningún esfuerzo por ocultar. Phillip es inmensamente feliz. Piensa que, por fin, ha encontrado a la mujer de su vida y se imagina una existencia con ella durante el resto de sus días formando una familia.

Biggie tiene un hermano 15 años mayor que ella, que es pastor en una iglesia pentecostal independiente. Las primeras diferencias empiezan a aflorar un día en el que Phillip, que exhibe un carácter comunicativo muy alejado del joven taciturno de hace unos años, comparte con él la honda impresión que le causó Desmond Tutu el día en que oyó su predicación en Pretoria. Al hermano de Biggie se le tuerce el gesto al oír el nombre del religioso, reacciona enfadado y le dice a Phillip que está muy equivocado. Asegura que Tutu es un falso obispo, un comunista y, por si faltaba algo más por añadir, un agente del demonio.

Phillip se queda sorprendido, pero piensa que, al ser los dos cristianos, podrán llegar a encontrar muchos puntos comunes para entenderse. Unos pocos días antes de Navidad, con toda la buena intención del mundo, Phillip va a casa de Biggie y de su hermano para felicitarles. Detallista como es, lleva un regalo para compartir durante la comida. Nada más entrar, el reverendo, muy enfadado, dice que en su iglesia ellos no celebran la Navidad porque es una fiesta pagana cuyo origen es el *dies natalis* del sol que celebraban los romanos. Phillip se queda de piedra. Él ha venido para disfrutar de lo que piensa que es la fiesta principal del año y no para pasar el tiempo inmerso en discusiones bizantinas. Y mucho menos para aguantar a un tipo que dice predicar la Buena Noticia pero que, todas las veces que se ha encontrado con él, no para de refunfuñar.

No obstante, el 24 de diciembre le invitan a unirse a su grupo para rezar a la luz de varios pasajes de la Biblia. Durante el tiempo de oración con la Palabra, Phillip —seguramente con toda la intención del mundo— elige un versículo del profeta Isaías en el que predice la venida del Salvador. Al pastor carismático no le hace ninguna gracia el comentario de Phillip, que choca con su particular exégesis, y su enfado llega al paroxismo cuando el jovenzuelo atrevido que ha venido a celebrar una fiesta «pagana» sigue comentando el pasaje de Isaías aplicándolo a la realidad actual de Sudáfrica, comentando que Jesús ha venido a cambiar el orden injusto y que los cristianos en el país están llamados a cambiar la realidad social en favor de la justicia para acabar con la segregación racial. Aquello fue la gota que colmó el vaso. Desde aquel día, las diferencias no hicieron sino aumentar cada vez más. Aquello señaló el fin de su incipiente relación con Biggie, quedándose —y nunca mejor dicho— descompuesto y sin novia.

Capítulo 6

Objetor de conciencia

«La deshumanización es la marca, no solo de aquellos a los que su humanidad les ha sido despojada, sino también una distorsión de la vocación de llegar a ser plenamente humanos».

Paulo Freire

No muy lejos de donde se encuentra Phillip, en Jane Furse, Hazel, que no es el tipo de persona que se quede con los brazos cruzados cuando se enfrenta a un problema, busca con desesperación un trabajo que le proporcione unos ingresos para poder salir adelante.

No le resulta fácil. A pesar de todos sus esfuerzos para seguir estudiando, a trompicones y de forma intermitente, al llegar a los veintipocos años aún no tiene un diploma ni nada que se le parezca. No obstante, por mediación de una amiga, a finales de 1988 le ofrecen cubrir la plaza de una profesora que está de baja por maternidad en la escuela secundaria de Matshumane, en Glen Cowie. Se pone en camino y, después de la entrevista de trabajo, al llegar a la misión católica, donde ha estudiado durante sus años de secundaria, se para un momento para saludar a los sacerdotes, Jaime y Miguel, que en ese momento se ocupan de la parroquia. Los dos son españoles y no hace mucho que su congregación, los Misioneros Combonianos, los ha destinado a este lugar. Hablan de todo y de nada mientras comparten un té. Tras despedirse, le sorprende la amabilidad del padre Miguel, que le ofrece llevarla de vuelta a casa en el coche de la parroquia.

Algunos días más tarde, el padre Jaime llega a casa de Hazel en Setebong y deja caer, como quien no le da importancia, que están buscando una secretaria para la parroquia pero que hasta la fecha no han encontrado a la persona adecuada. Hazel asiente con educación, leyendo entre líneas, y responde que está esperando a que la llamen para empezar su nuevo trabajo en Matshumane, pero que aún no ha empezado.

De forma más explícita, los sacerdotes la vuelven a llamar y le ofrecen el puesto de secretaria de la parroquia. Nada más lejos de lo que podía esperar. Se pregunta qué han visto en ella para estimar que es la persona adecuada. Piensa que el sueldo de la escuela es mejor, pero el puesto es temporal, puesto que se trata de una sustitución que durará solo unos pocos meses. Pero, sobre todo, le atrae la idea de trabajar para una Iglesia a la que tiene mucho que agradecer. Sigue recordando que, en medio de la vida que ha tenido, los años pasados en la escuela de la parroquia, que llevan las monjas de Loreto, han sido los mejores de su vida. En el Guardian Angels College recibió una educación de calidad y la consideraban como a una hermana, muy distinto del trato que había recibido en la Iglesia reformada holandesa y no digamos en la Iglesia de Sión, donde no la dejaban ni trenzarse el pelo para estar guapa. No le hace falta mucho tiempo para decidirse y aceptar el puesto, como «una forma de agradecer a Dios» lo que ha hecho por ella.

Hazel va a la escuela de Matshumane para agradecerles la oferta de trabajo, pero les comunica que ha decidido no aceptarla porque prefiere trabajar en la parroquia.

A pesar de no tener un diploma académico, pronto descubre que tiene sobradas competencias para las tareas que se espera que realice. Le encargan hacer traducciones del inglés al sepedi, poner en orden el registro bautismal, que aún no está informatizado, ocuparse de la contabilidad, recibir a las personas que acuden al despacho parroquial... Sobre todo, los sacerdotes descubren en ella a una persona de absoluta confianza y con un alto sentido de la responsabilidad y del deber.

Sus jefes en la parroquia son comprensivos y le ofrecen la posibilidad de formarse mejor. Por eso se matricula en un curso de informática que realiza en una ciudad cercana.

Parece como si los astros o algún poder sobrenatural se hubieran conjurado para actuar al mismo tiempo, de forma paralela, sobre las vidas de Phillip y Hazel, que aún no se conocen. Ella, por primera vez en muchos años, es feliz con su trabajo fijo, gracias al que puede proveer sus necesidades básicas y ayudar a sus hermanas para que estudien. Desempeñó sus funciones de secretaria en la parroquia de 1988 a 1994. Un año después se matriculó en la Universidad de Limpopo.

* * *

Unos años antes, Phillip llevaba ya varios meses luchando a brazo partido para que sus estudiantes de Saint Mark's progresaran en sus conocimientos de Matemáticas, Física, Inglés y Geografía. Al mismo tiempo, como se temía, en el Ministerio de Defensa no se habían olvidaron de él. En agosto de 1985 recibe una carta llamándole a incorporarse al cuartel otro mes para continuar con su servicio militar, como ha hecho en años anteriores.

Phillip, que no hace ni año que ha tomado la decisión crucial de renunciar a su puesto en la Atomic Energy Corporation, se prepara para dar otro paso decisivo en su vida. Sabe que se juega mucho, pero tras haber reflexionado largo y tendido, está convencido de que tiene que hacerlo. No piensa volver a servir en el Ejército ni un día más, cueste lo que cueste esta decisión. Está dispuesto a declararse objetor de conciencia si hace falta, una posición que puede acarrearle numerosos problemas y que, a los ojos de muchos, equivale a ser un traidor a su patria. Pero su atrevimiento no está reñido con la diplomacia que ha aprendido a mostrar en sus relaciones con todo tipo de caracteres en momentos difíciles. Con la fina astucia de quien planifica derrotar a su adversario usando sus propias armas, pronto encuentra un subterfugio legal: empieza por enviar a las autoridades militares una carta redactada en términos muy educados en la que argumenta que, puesto que él se encuentra ahora en el bantustán de Lebowa, en teoría independiente de Sudáfrica, está exento de servir en el ejército de un país, Sudáfrica, del que ya no es ciudadano.

Lebowa, como los otros bantustanes creados artificialmente por el Gobierno sudafricano del *apartheid,*

*Phillip y Hazel contrajeron matrimonio en la
misión de Glen Cowie el 13 de abril de 1996.*

*En su actual parroquia de St. Augustine, en Silverton
(Pretoria). Debajo, Hazel es admitida en la Asociación
de Mujeres Santa Ana, para el apostolado.*

Arriba, Karabo y Tumi, los dos hijos de Hazel
y Phillip. Debajo, con sus padres.

Arriba, el matrimonio Pare Madihlaba con la familia de Hazel en casa de su padre, en Setebong; debajo en una reunión familiar con ocasión de las bodas de oro de los padres de Phillip.

Las dos abuelas. Arriba, Diani Molteno Thomas, madre de Phillip. Debajo, Paulina Malehudu, madre de Hazel.

Los dos abuelos. Mamokgate Madihlaba, padre de Hazel, en una foto familiar. Debajo, Charles Maurice Timothy, padre de Phillip.

Hazel con vestidos tradicionales sothos.

*Mapa de Sudáfrica con los principales enclaves
vinculados a la vida de Hazel y Phillip.*

nunca fue reconocido por ningún otro país del mundo. En la dirección postal de Phillip, para recibir correo en la escuela Saint Mark's, hay que poner su nombre bien claro con el fin de evitar confusiones. Pero el hecho de que se trate de un estado ficticio que no figura en ninguna lista oficial de países del mundo, da lugar a situaciones harto curiosas, como el día en que una de las hermanas de Phillip le escribió una carta desde Inglaterra, poniendo en el sobre la palabra «Lebowa». La misiva, tras realizar un itinerario bastante peculiar, llegó a su destino... ¡en Lisboa!

Phillip siempre ha demostrado ser una persona con un extraordinario sentido del humor, lo que probablemente se debe a su herencia cultural inglesa, pero en esta ocasión no está bromeando, ni mucho menos. Anticipando el nuevo llamamiento a filas, pocos meses antes ha ido a ver a la jefa tradicional de Lebowa, una mujer llamada Kgosigadi Sekwati, que tiene su palacio en la ciudad de Mamone, a cinco kilómetros de Jane Furse. La mujer recibe con satisfacción su petición de ser aceptado como miembro de la tribu sepedi y de ser su humilde súbdito en Lebowa. Seguramente, fue el único caso que tuvo que gestionar en todos sus años como líder de su «reino» de un blanco que solicitaba ser aceptado en una tribu negra. Los grandes esfuerzos que Phillip está realizando para aprender la lengua sepedi, que no tiene nada de fácil, juegan a su favor. El 21 de julio de 1985 recibe la respuesta oficial de que su solicitud de ser miembro de la tribu ha sido aprobada.

El funcionamiento del Ejército no tiene secretos para Phillip, que ya ha cumplido varias etapas del servicio militar. Con el ambiente polarizado y tenso que se respira a mediados de los años 80, sabe que es una posibilidad muy real que en cualquier momento le envíen a sofocar algunas de las manifestaciones que la resistencia *antiapartheid* organiza en todo el país. Y la ciudad de Jane Furse no es una excepción. Piensa en sus alumnos negros, adolescentes a los que el régimen sudafricano ha negado una vida digna. Conoce a muchos de sus padres y familiares, ha estado en sus casas, ha compartido muchas tazas de té con ellos y ha escuchado los problemas y humillaciones que tienen que soportar a diario. Los quiere y no está dispuesto a servir en una institución en la que podrían obligarle a hacerles mucho daño. Le repugna y le revuelve las tripas la idea de que un día le puedan enviar a disparar a las personas a las que ama. De ninguna manera.

Cuando comunica su decisión de negarse a incorporarse a filas, adjunta un certificado que le ha extendido la jefa Sekwati, en el que afirma que el señor Pare es súbdito de la nación de Lebowa. La respuesta de las autoridades castrenses, redactada en términos poco amigables, le hace entender que sus argumentos no pueden ser aceptados. En Sudáfrica, un blanco nunca podrá ser súbdito de un jefe negro. Hasta ahí podíamos llegar.

El intercambio de cartas continuó durante dos meses más. Al final, se declaró objetor de conciencia por motivos religiosos, exponiendo a las claras sus motivos: «No puedo ir con un fusil a matar a mis hermanos negros. Les doy clase y nunca podría ir a disparar a sus padres en sus barrios», una posición que no recibió el apoyo de varios de sus familiares, que no entendieron sus razones. Phillip no fue el único caso. Formó parte de un grupo bastante consistente de jóvenes blancos que hicieron pública su decisión de objetar, llegando incluso a aparecer en conferencias de prensa. Algunos, de confesión católica, invocaron la doctrina de santo Tomás de Aquino sobre las condiciones para que una guerra pudiera ser considerada como justa para justificar su decisión de negarse a servir en el Ejército.

La reacción de las autoridades fue tajante, además de furiosa: los que se niegan a hacer el servicio militar son agentes del comunismo.

Una vez declarado objetor de conciencia, le destinaron a la ciudad de Lydenburg para realizar un servicio civil sustitutorio de tres años, como electricista en el Ayuntamiento.

En una carta dirigida a su hermana Gill, describe así la primera impresión que tuvo de Lydenburg: «Como sucede en Sudáfrica, Lydenburg tiene áreas separadas para indios, *coloureds,* blancos y negros. La zona blanca tiene los niveles típicos del primer mundo, con calles bien pavimentadas y limpias, mientras que la zona negra es una masa congestionada de humanidad del tercer mundo que no para de crecer».

El ambiente que se encontró en el Ayuntamiento nada más llegar le hizo entender que no era, precisamente, bienvenido. Sus supervisores, todos ellos blancos, respondían perfectamente al perfil de afrikáners racistas. Pronto empezaron los conflictos. En febrero de 1989, en una carta dirigida al secretario del consistorio, Phillip se expresa así:

Le transmito mi preocupación sobre el tipo de relación entre blancos y negros en mi lugar de trabajo. A ambos grupos se les mantiene lo más separados posible. A una persona que tenga fuertes sentimientos sobre la integración de todas las personas, negros y blancos, como seres iguales a los ojos de Dios, le resultará imposible encajar en un ambiente en el que se practica una fuerte separación de razas.

A continuación, de forma educada, pero firme, Phillip explica, sin tapujos y a las claras, el origen de su malestar:

Cuando me incorporé a mis tareas, recibí instrucciones formales muy estrictas de no hablar a ninguna persona negra durante las horas de trabajo ni durante el tiempo de descanso para el almuerzo. Dado que todos conocen mis puntos de vista personales sobre las personas negras, entiendo que esta directiva es una provocación directa para enojarme lo más posible. La considero una práctica profesional injusta y del peor género, y le comunico que no tengo ninguna intención de obedecerla. Hagan el favor de derogar esta instrucción o, en caso contrario, trasládenme fuera de Lydenburg inmediatamente.

Phillip sabía que esta situación tan desagradable era fruto de la existencia de leyes injustas. Sin embargo, para conseguir algún progreso no había más remedio que seguir los cauces judiciales disponibles para buscar algún resquicio que, dentro de la legalidad vigente, permitiera una interpretación algo más humana de las normas o, incluso, burlarlas. Con el apoyo de abogados que le prestaron asistencia legal, intentó, sin éxito, que le trasladaran a Lebowa, incluso que le permitieran realizar el servicio civil sustitutorio continuando con sus clases en el Saint Mark's. La petición fue denegada. Sin embargo, sí logró una pequeña victoria: le trasladaron de la ciudad blanca de Lydenburg a su *township* negro de Mashishing. Lo consiguió después de enviar una carta redactada en un tono muy duro, dando un ultimátum de siete horas tras amenazar con emprender «acciones legales apropiadas» si su solicitud no era aceptada. De este modo, pudo trabajar en un ambiente más amigable y donde se sentía mucho más a gusto. Su puesto, de oficial técnico, le obligaba a supervisar el buen funcionamiento de servicios municipales básicos como el suministro de agua, electricidad, alcantarillado, mantenimiento de carreteras y cuidado del medio ambiente. Al menos podía trabajar con compañeros negros sin ninguna restricción, continuaba aprendiendo las lenguas pedi e isizulú, en las que les hablaba, y contribuía a que su zona tuviera garantizados los servicios básicos.

Pero Phillip no encontró problemas únicamente en su lugar de trabajo. El racismo no estaba presente solo entre las autoridades municipales, sino entre mucha gente blanca de a pie. Nada más llegar, tras pasar varios días durmiendo en una caravana, encontró a una señora afrikáner que le alquiló una habitación de su propiedad. Por las tardes, una vez que había terminado su horario de trabajo, empezó a recibir a personas negras a las que acababa de conocer en la ciudad. Su sentido de la hospitalidad, invitando a amigos negros a tomar el té o a cenar con él, no fue en absoluto apreciado por la dueña de su alojamiento, la cual se enfadó y le rescindió el contrato de alquiler sin contemplaciones. Phillip se encontró en la calle en un lugar en el que no conocía a nadie

Alguien le habló de una comunidad de religiosos católicos que se encontraba en un centro de espiritualidad llamado Maria Trost, en las afueras de Lydenburg. Se encaminó allí con decisión y llamó a la puerta. Le recibió un sacerdote alemán, el padre Joseph Knapp, quien le hizo pasar adentro y le escuchó. A aquel sacerdote le causó una gran impresión la historia de aquel joven objetor de conciencia que se encontraba con el rechazo de la sociedad blanca por no estar de acuerdo con el racismo. Le explicó que en la comunidad vivían tres religiosos de la congregación de los Misioneros Combonianos: el padre Florián, de Perú; el hermano Peter, italiano de Tirol del Sur, y él mismo. Aquel mismo día le ofrecieron hospitalidad. Fue como encontrar una bombona de oxígeno revitalizador en medio de una situación de asfixia. Vivió allí año y medio, durante el tiempo en el que realizaba la prestación social, en un ambiente muy distinto a la cerrazón racista imperante en Lydenburg, con personas con las que podía compartir libremente sus inquietudes y sentimientos. Aunque Phillip era de confesión anglicana, desde el primer día empezó a participar en la rutina de oración de los misioneros, rezando con ellos los laudes y las vísperas, y participando en la celebración de la eucaristía, en la que comulgaba.

En una carta dirigida a su hermana poco después, Phillip escribe: «Es como si hubiera encontrado el mundo entero en esta comunidad. Aquí hay personas de Perú, Austria, Italia (Tirol del Sur), y de vez en cuando vienen visitantes de Inglaterra, Irlanda, México, Alemania, Bélgica y España».

En 1990 volvió al colegio Saint Mark's, donde siguió dando clase hasta 1993.

Capítulo 7

Tiempo de cambios

«Mandela no solo consiguió evitar una guerra racial, sino que –con todos sus defectos– puso los cimientos de una democracia estable, un logro por el que las generaciones futuras deberían ponerse de rodillas y darle gracias».

John Carlin

M ientras Phillip pasa los días reparando tuberías de agua y arreglando el tendido eléctrico del *township* de Mashishing por las mañanas y, al caer la tarde, rezando vísperas con sus nuevos amigos, los combonianos, con los que comparte mesa y techo, el mundo está cambiando a gran velocidad. En 1989 cae el Muro de Berlín y la Unión Soviética se desintegra. En Sudáfrica, el presidente P. W. Botha, que ha luchado contra viento y marea para mantener el sistema del *apartheid,* sufre un infarto bastante serio que le obliga a retirarse. Dicen las malas lenguas que ese día se dispararon las ventas de cajas de cerveza Castle en las tiendas de bebidas alcohólicas que tenían a los negros como sus principales clientes, algunos de los cuales no dudaron en romper la hucha para gastarse los ahorros en darse un capricho dadas las circunstancias, que bien lo merecían. El hombre que le sustituye como jefe del Estado, Frederick de

Klerk, es el centro de la atención de quienes esperan cambios significativos. Todo el mundo está pendiente de cómo va a empezar a actuar. Una de sus principales decisiones fue anunciar que todos los objetores de conciencia podían volver a sus casas con efecto inmediato. Phillip, a quien aún le quedaban casi dos años para completar el servicio civil sustitutorio, es libre de marcharse de Lydenburg. En 1990 se despide de la comunidad de los misioneros combonianos donde ha vivido año y medio y se vuelve a Jane Furse, a continuar con su trabajo de profesor en su querido colegio Saint Mark's. Está contento de terminar ese período de su vida, al mismo tiempo que marcha con la alegría de haber encontrado nuevos amigos que van a formar, durante las décadas venideras, parte de su vida.

El nuevo presidente tiene una personalidad bastante enigmática. Aunque en ocasiones se le ve cauto y midiendo sus pasos porque no puede enfrentarse abiertamente con los blancos afrikáner, de los que él mismo forma parte, pronto empieza a transmitir confianza. Algunos dicen que los cambios que promete son superficiales y tienen como objeto únicamente hacer que la comunidad internacional levante las sanciones económicas que empiezan a notarse en las finanzas del país y, sobre todo, en la imagen internacional, ya muy deteriorada, de Sudáfrica, que aparece como un Estado paria. Otros piensan que los cambios anunciados, como la promesa de legalizar todos los partidos políticos, incluido el Congreso Nacional Africano, y de liberar a los presos como Mandela y otros activistas *antiapartheid*, son reales. Phillip está en el bando de los optimistas, como resulta evidente en una carta que escribe a su hermana Gill en 1989:

> Parece que nuestro Gobierno avanza por el camino de las reformas. La liberación de presos es una buena medida. Pero aún tengo bastante escepticismo sobre lo lejos que están dispuestos a llegar. El día en que los negros puedan poseer tierra de cualquier extensión y en cualquier lugar del país empezaré a creer que el Gobierno es sincero y que sus acciones no son solo una mera operación de imagen.

La carta termina con una frase digna de ser esculpida en letras de oro: «A pesar de los problemas, o quizás incluso gracias a los problemas, Sudáfrica es un país fascinante en el que vivir».

El día en el que Nelson Mandela, el gran líder de la lucha *antiapartheid*, sale libre después de 27 años en la cárcel, de los cuales los primeros 18 los pasó en condiciones muy duras de trabajos forzados, parece como un sueño. Es el 11 de febrero de 1990. Poco después se conocería que el Gobierno sudafricano llevaba varios años reuniéndose con él en secreto para tantear cómo negociar una transición pacífica. Los dirigentes del *apartheid*, que podían ser malvados pero de tontos no tenían un pelo, se dieron cuenta de que no podrían seguir mucho tiempo manteniendo un sistema que no se sostenía en pie, y que más les valía negociar con el CNA –fuerza política que estaba muy bien arraigada entre la mayoría de la población– mientras Mandela siguiera vivo, en lugar de arriesgarse a tener que negociar en el futuro con dirigentes negros más rígidos con los que tal vez les resultara mucho más difícil llegar a acuerdos, que podían buscar la venganza por todos los sufrimientos causados y movilizar a la inmensa mayoría de la población contra la minoría blanca. El Gobierno sudafricano había estudiado muy bien a Mandela durante sus reuniones con él y les parecía un hombre razonable y orientado hacia la reconciliación.

Mirando un poco más lejos, no hay que soslayar que la desintegración de la Unión Soviética empezaba a dejar sin argumentos a los defensores del *apartheid* que agitaban el miedo a una revolución comunista en Sudáfrica liderada por el CNA. Este partido también se dio cuenta de por dónde soplaban los vientos de cambio y rápidamente fue abandonando su vieja retórica marxista aprendida de sus viejos padrinos de la Unión Soviética para centrarse en reivindicaciones más realistas, pero no por eso menos profundas, como construir una democracia igualitaria e inclusiva basada en «una persona, un voto» o abolir todas las leyes de segregación racial.

Pero retrocedamos unos años antes, cuando Phillip aún está en el colegio Saint Mark's. En 1986, es un miembro muy activo del Consejo Parroquial de la iglesia anglicana de Sekhukhuneland, uno de los barrios de Jane Furse. El Viernes Santo de 1987 decide ir a los oficios de la veneración de la cruz de la misión católica. Como al buen hombre le encanta hacer nuevos amigos y saludar a todo el que esté a su alrededor, al terminar la liturgia entabla conversación con los dos sacerdotes españoles que están al cargo de la parroquia que, mira por dónde, resulta que son combonianos, como sus nuevos amigos de Lydenberg.

Ese día también conoce a la secretaria de la parroquia, Hazel, que le parece una chica guapa y simpática con la que da gusto hablar. Ya vemos que la oración dirigida a Cristo en la cruz nunca queda sin respuesta.

En paralelo a esta situación, hace tiempo que siente por la Iglesia católica una atracción que va más allá de la simple curiosidad. La mayor parte de sus años ha vivido como un devoto anglicano y entiende que su Iglesia tiene muchos puntos en común con los católicos. Su acercamiento a esta última ha tenido lugar durante su estancia en Maria Trost. Como ha pasado muchos años formando parte de Iglesias evangelistas y anglicanas, tardó algunos años en asimilar algunos puntos doctrinales católicos, como los dogmas de la Inmaculada Concepción y de la Asunción de María a los cielos. El descubrimiento de la figura de María, la madre de Jesús de Nazaret, tuvo una enorme influencia en su espiritualidad cotidiana, expresada en devociones marianas. Durante los días que pasé con Phillip en Sudáfrica, ya podíamos estar paseando por un jardín, viajando en coche, observando leones o dando cuenta de una buena botella de vino durante el almuerzo, cuando llegaban las 12 del mediodía, estuviera donde estuviera, preguntaba con una gran sonrisa:

—¿Qué os parece si rezamos el Ángelus?

E, invariablemente, sacaba de su bolsillo su hojita bien plegada, con la oración del Ángelus escrita en inglés, en afrikáans y en sepedi.

Mientras sigue dando clases en Saint Mark's, los combonianos de Glen Cowie le empiezan a llamar para que arregle el ordenador con el que Hazel está informatizando el registro parroquial. Nada más fácil para un ingeniero especialista en electrónica como él. Mientras pone en orden el sistema operativo y actualiza el antivirus, tomándose su tiempo, escucha a Hazel hablar de su familia, de sus años de infancia y juventud, de sus sueños para el futuro...

Por alguna razón que solo los especialistas en informática podrían explicar, durante aquel tiempo el ordenador de la parroquia se estropeaba bastante a menudo...

Su atracción hacia la Iglesia católica no es una simple curiosidad intelectual. Cuando está convencido de algo, es una persona que dice y hace. En la comunidad de Maria Trost ha podido compartir con los combonianos muchos momentos de oración y de conversación sobre temas religiosos. Un día de 1991 vuelve allí con el padre Jaime, el párroco de Glen Cowie, para pasar unos días de retiro previos a ser recibido en la Iglesia católica. Durante la Vigilia Pascual de ese año participa en una ceremonia en la iglesia parroquial de Glen Cowie en la que, con un cirio encendido en la mano como símbolo de la fe, es recibido en la comunidad católica.

Phillip ha vivido muchos acontecimientos que han ido sucediéndose a la velocidad de una bola de nieve que cae por una ladera. Ha tomado decisiones transcendentales que le han supuesto mucho esfuerzo y sacrificio. Después de la Pascua de 1991 piensa que es el momento de tomarse unos meses de descanso fuera de Sudáfrica. Solo ha viajado fuera del continente una vez, cuando tenía 11 años. Salió con su madre durante unas pocas semanas. Está convencido de que conocer otras realidades le harán mucho bien. Aprovechando su buena relación con los combonianos, decide a ir a Brasil.

Se matricula en un curso de portugués en la Universidad de Sudáfrica, y cuando piensa que tiene un nivel elemental que le permitirá desenvolverse en el país toma un vuelo para Río de Janeiro. Después viaja en autobús por el interior del país y se para en lugares como Salvador de Bahía, São Luis, Alto Paranaíba, Belem, Manaos, Porto Velho... En algunos de los sitios que visita se queda en la comunidad de los misioneros combonianos, a los que escucha con gran interés sus experiencias, lo que le hace conocer de primera mano la realidad del país. En São Luis, en el estado de Maranhao, conoce a quien será uno de sus mejores nuevos amigos, un hermano alemán llamado Bruno Haspinger, quien conoce a muchos de los combonianos amigos de Phillip en Sudáfrica. Pocos meses después, de regreso a su país, en correspondencia con él, Phillip le resume su experiencia con estas palabras: «Estoy convencido de que mi experiencia en Brasil me ha dado una nueva perspectiva sobre los problemas de opresión y de desposeimiento de la tierra que veo en mi propio país».

En 1993, tras pasar ocho felices años de profesor en Saint Mark's, Phillip decide tomarse un tiempo para poder dedicarse a aprender la lengua sepedi en profundidad. Algo en su interior le dice que su compromiso con sus hermanos negros no es algo provisional y que va a necesitar comunicarse con ellos sin barreras hasta el fin de sus días. Por otra parte, no quiere cortar por completo el contacto con el colegio y decide instalarse en Mamone, aquella ciudad a apenas siete kilómetros de Jane Furse donde fue hace unos años a ver a la jefa tradicional para pedir un certificado que acreditara que era ciudadano del estado de Lebowa. Allí, en 1994, encuentra una pequeña habitación que le alquilan por un precio módico. Se agencia una bicicleta para sus desplazamientos y se matricula en el Departamento de Lenguas de la Universidad a Distancia de Sudáfrica.

Phillip estudia la lengua sepedi siguiendo el método conocido con las siglas inglesas LAMP (*Language Acquisition Made Practical*), es decir, una adquisición de la lengua hecha práctica que hace hincapié en aprender a base de construir relaciones con la gente que habla esa lengua, más que en seguir clases formales. Este modelo parte del principio de que para aprender una lengua hay que esforzarse por conocer a la gente que la habla y hay que centrarse en aprender frases y párrafos cortos para después usarlos mucho para favorecer su memorización. El alumno, que en este método es su propio profesor, tiene que escuchar mucho, imitar los sonidos de la fonética y lanzarse a hablar sin temor a cometer errores, dando por hecho que el proceso de aprendizaje le convertirá en un ser vulnerable, aunque gracias a eso podrá progresar.

Siguiendo esta particular pedagogía, Phillip sale todos los días de su habitación y empieza a recorrer las casas de su vecindario. A todos les dice: «Hola, me llamo Phillip y quiero conocer tu lengua, ayúdame». Sorprendidos de ver a un blanco interesado en aprender el sepedi, que recorre las calles a pie, la gente se queda asombrada, pero la humildad de la que hace gala le abre muchas puertas. Pronto aprende que este idioma refleja una interpretación del mundo y de las relaciones humanas basada en un fuerte sentido de la comunidad, como reza uno de sus aforismos, común a muchas otras lenguas de origen bantú: *Moto ke moto ka batho*, o lo que es lo mismo, una persona es persona por medio de otras personas.

La Constitución sudafricana de 1996 establece 11 lenguas oficiales: inglés, afrikáans, isixhosa, isizulú, sesotho del sur, sesotho del norte –también llamado sepedi–, tshivenda, setswana, xitsonga, siswazi e isindebele. La más utilizada, por razones prácticas, es el inglés. Con notables excepciones, pocos blancos sudafricanos han mostrado ningún interés por aprender una lengua africana.

Llega la ansiada fecha del 27 de abril de 1994 y, por primera vez en muchas décadas, todos los ciudadanos mayores de edad en Sudáfrica, incluidos los negros que son la mayoría de la población, pueden votar. Phillip está encantado de que ese día ha llegado y pasa las cuatro jornadas que duran las votaciones ayudando a mucha gente a presentarse en sus respectivos colegios electorales con un coche con remolque.

Durante las semanas previas a las elecciones, en el colegio Saint Mark's, Elisabeth Anderson, la esposa de director, entusiasmada por los cambios políticos que se avecinaban en el país, organizó un club de estudiantes llamado Grupo de Conciencia Política al que invitaron a gente de otras partes del país para compartir sus experiencias de lucha *antiapartheid*. El día en el que introdujeron el tema de cómo prepararse para unas elecciones, uno de los alumnos levantó la mano para preguntar:

—Señora Anderson, ¿qué son unas elecciones?

Muy pronto van a saberlo. Ha sonado la hora de la libertad y los sudafricanos, que han sido privados del derecho a votar en unas elecciones libres, pronto van a experimentarlo por ellos mismos. Las filas para acceder a los colegios electorales fueron kilométricas. La cita electoral se alargó durante cuatro jornadas para dar suficiente tiempo a los cerca de 20 millones de sudafricanos que ejercieron su derecho al voto.

El entusiasmo de Phillip por las elecciones genera algún roce con la dueña de la habitación en la que vive, una reverenda de una iglesia carismática que intentó convencer en vano a Phillip de que Nelson Mandela era un agente del demonio.

Tras un año de estudio del sepedi prácticamente a tiempo completo, Phillip piensa que, con todos los años que lleva enseñando, debería estudiar Magisterio para poner un poco más de método en su actividad docente. En 1995 se matricula en la Universidad de Limpopo, en la misma provincia en la que se encuentran Jane Furse y Mamone. Al poco tiempo de estar allí, casualidades de la vida, Hazel, la secretaria de la parroquia, entra en las mismas aulas para realizar los mismos estudios.

La relación entre ambos sigue adelante y un día Phillip, que nunca ha demostrado ser un hombre tímido, le propone matrimonio.

La respuesta de Hazel le cae como un jarro de agua fría.

—Lo siento mucho, pero estoy saliendo con otro chico.

* * *

Desafortunado en amores, afortunado... en política.

El período entre la liberación de Mandela, en febrero de 1990, y las primeras elecciones democráticas y no raciales de Sudáfrica, cuatro años después, estuvo marcado por una rápida sucesión de acontecimientos que trajeron cambios muy profundos. Las elecciones fueron la conclusión lógica de un proceso de negociaciones directas entre el Gobierno de Sudáfrica y los partidos políticos. Como suele ocurrir en la resolución de conflictos a través de procesos de diálogo, estos encuentros sirvieron, sobre todo al CNA, como una operación de imagen. La formación política pudo, por primera vez, comunicar sus mensajes en público sin temor a que la Policía detuviera a sus militantes. Mientras los representantes del régimen aún en el poder eran todos blancos afrikáners, la delegación del CNA estaba compuesta de figuras históricas negras como Oliver Tambo, Walter Sidulu, Cyril Ramaphosa o el propio Mandela, y también de blancos como Joe Slovo, el veterano líder del Partido Comunista, o indios como Mac Marajah. Esta imagen mostraba el carácter multiétnico del partido que muy pronto llevaría las riendas del Gobierno en el país. En muy poco tiempo, el CNA pasó de ser considerado como un grupo terrorista a ser visto como una fuerza política respetable, en parte por su renuncia a la lucha armada a cambio de negociaciones directas con el poder.

Al mismo tiempo, no faltaron los altibajos y los momentos en los que parecía que todo se podía echar a perder en muy poco tiempo. El 12 de enero de 1991, 30 personas que se encontraban velando el cadáver de un militante del CNA asesinado pocos días antes, murieron bajo los disparos de hombres armados en la ciudad de Sebokeng. El CNA anunció que se retiraba de la mesa de negociaciones. Las conversaciones se reanudaron tras una reunión de emergencia entre Mandela y De Klerk en abril.

Pero la peor amenaza vino de los choques violentos entre el CNA y el Inkatha Freedom Party, un partido de militancia mayoritaria zulú dirigido por el jefe Mangosuthu Buthelezi, un hombre al que muchos veían como una marioneta de los partidarios del mantenimiento del *apartheid*, un líder que agitaba la violencia para hacer derrapar el proceso. Pocos días antes de las elecciones, Buthelezi anunció que su partido boicoteaba los comicios. Para intentar salvar la cita, el entonces secretario de Estado norteamericano, Henry Kissinger, y el ministro de Exteriores británico, Peter Carrington, visitaron Sudáfrica para intentar forzar un acuerdo *in extremis*. Ambos se marcharon sin ningún resultado que mostrar.

Contra todo pronóstico, apenas un día antes de las elecciones, Buthelezi anunció que su partido había decidido participar. Muy pocos supieron entonces que, detrás de aquel éxito, estuvieron los esfuerzos de Washington Okumu, un profesor universitario keniano amigo personal de Mandela y de Buthelezi. Con una enorme discreción, que contrastó con la puesta en escena de Kissinger y Carrington, que no desaprovecharon ninguna ocasión para hablar con la prensa, presentándose como si fueran los salvadores de Sudáfrica, Okumu –que nunca dijo una palabra a los medios de comunicación sobre su mediación– se centró en ayudar a Mandela y a Buthelezi a acercar posiciones. Consiguió que ambos dirigentes llegaran a un compromiso: Buthelezi dio su brazo a torcer y aceptó participar en las elecciones. Cuando Mandela, ya elegido presidente, nombró su gabinete ministerial, dio la cartera de Interior a su archienemigo Buthelezi.

Como era previsible, el CNA ganó las elecciones. Es difícil de saber el porcentaje exacto de votos que obtuvo, Según el periódico *Sunday Independent*, llegó un momento en el que los resultados finales no estaban en manos de la Comisión Electoral Independiente, sino que se negoció con un tira y afloja entre los partidos políticos. El CNA no llego a obtener los dos tercios necesarios para lograr la mayoría parlamentaria, el Inkhata Freedom Party ganó en Kwazulu Natal, y el Partido Nacionalista consiguió un nada despreciable 20 por cierto, lo que le daba derecho a tener un vicepresidente. El recuento fue un desastre técnico, pero un triunfo político.

Como resultado de las elecciones, Nelson Mandela fue elegido presidente de Sudáfrica, cargo que desempeñó durante un único mandato de cinco años, renunciando a presentarse a una segunda legislatura, como hubiera podido hacer respetando las provisiones de la Constitución. Entre otras muchas buenas cosas, pasará a la historia como un líder que hizo honor a uno de los principios del buen liderazgo, por desgracia no seguido por muchos, y menos en África: «Retírate a tiempo».

Capítulo 8

EL EXIGUO CLUB DEL UNO POR CIENTO

«Al tercer día, hubo una boda en Caná de Galilea, y Jesús y sus discípulos fueron invitados. Cuando se acabó el vino, la madre de Jesús le dijo: "No tienen vino"».

Juan (2,1)

Año 1995. Nelson Mandela ha completado ya su primer año como presidente. La mayoría negra, y también un número no despreciable de blancos que nunca aceptaron la segregación racial, tras haber dejado atrás muchas décadas de sufrimiento y humillaciones, viven un período de gran esperanza y euforia en el que todo lo que ocurre parece un sueño, aunque no faltan quienes expresan su desilusión porque los cambios tan anhelados no llegan con la rapidez deseada y la gran mayoría de los negros siguen siendo pobres y sus comunidades siguen teniendo una gran tasa de paro, como ha ocurrido siempre. Bastantes negros no entienden por qué el antiguo recluso de Robben Island pasa demasiado tiempo con empresarios y políticos blancos, como si la mayor parte de sus esfuerzos estuvieran encaminados a querer contentarles, sobre todo para convencerles de que no se vayan del país, cuya economía –guste o no– sigue estando en sus manos. El anciano Madiba, como se le conoce afectuosamente, que desde que ha salido de la cárcel ha tenido que enfrentarse a un drama personal que le causa un gran sufrimiento y que desembocará en el divorcio de su mujer, Winnie Mandela, no se cansa de repetir que la reconciliación es el único camino. Lo dice y lo predica con el ejemplo. A pesar de haber estado encerrado durante 27 años, es un hombre que transmite felicidad y nunca comunica el más mínimo signo de rencor hacia los que fueron sus verdugos. No todos comparten sus buenas intenciones.

El proceso democrático se completa con el establecimiento, en 1995, de la Comisión de la Verdad y la Reconciliación, un tribunal de justicia restaurativa presidido por el arzobispo Desmond Tutu que pasó cuatro años investigando violaciones de derechos humanos durante los años del *apartheid*. Al año siguiente, se promulga una nueva Constitución, en la que quedan abolidas, de una vez por todas, las leyes del sistema segregacionista, aunque en realidad ya hacía varios años que habían sido borradas de los textos legislativos. Los símbolos de la nación, como la nueva bandera, el nuevo himno y las 11 lenguas cooficiales, reflejan el intento de entronizar la inclusividad como el valor fundamental de la nueva Sudáfrica.

Una de las leyes del *apartheid* fue la que prohibía el matrimonio y las relaciones sexuales entre blancos y personas de otras razas. Fue abolida en 1985, casi una década antes del inicio de la nueva Sudáfrica, como parte de un paquete de reformas que el Gobierno del momento realizó para terminar con lo que se llamaba entonces el *petty apartheid*, una serie de normas de regulación de la vida cotidiana que muchas veces rayaban en lo ridículo. Cuatro décadas después, según diversas fuentes, el porcentaje de matrimonios entre personas blancas y negras en Sudáfrica apenas llega al 1 %. Las leyes se modifican a golpe de decreto de un día para otro. Las mentalidades, si cambian, lo hacen durante períodos mucho más largos, y con avances y retrocesos debido a las resistencias con las que se encuentran.

Ese mismo año, 1985, recuerdo haber visto un documental de la BBC titulado *Girls Apart* que mostraba el contraste, en sus vidas cotidianas, de dos adolescentes sudafricanas: una blanca afrikáner de una familia de clase media alta, y una chica negra de Soweto. No se me ha olvidado una frase pronunciada por la primera: «Las leyes podrán cambiar, pero cada persona siempre preferirá quedarse con su propia gente».

Phillip y Hazel se atrevieron a romper esa barrera.

* * *

Pasan los meses y Hazel deja su trabajo en la parroquia de Glen Cowie para matricularse en un curso de Magisterio en la Universidad de Limpopo. Allí también se ha inscrito Phillip. Por fin tienen tiempo de sobra para verse y hablar de lo divino y lo humano. A Phillip, que ya tiene un nivel de sepedi más que aceptable, le sale con naturalidad comunicarse con Hazel en su lengua, una costumbre que no decaerá con los años. Un día, no sin temor a recibir una nueva negativa, él le vuelve a proponer matrimonio y cuál no sería su sorpresa cuando esta vez Hazel le dice que sí. Como si intuyera que Phillip, un día u otro, volvería a insistir, parecía que ella tuviera preparada la respuesta desde hacía bastante tiempo. Phillip, muy sorprendido, le recuerda que hace unos meses le dijo que estaba saliendo con otro chico. Hazel, que mira para otro lado como si la cosa no fuera con ella, se ríe con un gesto un tanto enigmático. «¿De verdad dije eso?», le responde.

Las cosas avanzan de forma bastante rápida. En agosto de 1995, Hazel y Phillip sellan su compromiso formal y poco antes de final de año empiezan las negociaciones para pagar la *lobola*, como se conoce en varias lenguas de Sudáfrica, como el isizulú y el isixhosa. En sepedi se llama *magadi*, y es la dote o el precio que el novio paga al clan de la novia. Lejos de ser una costumbre en desuso, en Sudáfrica es un trámite reconocido por la ley y aceptado culturalmente, al menos por personas negras. Es una señal de respeto y reconocimiento por parte del novio hacia la familia de la novia por conceder la mano de su hija, un signo de que el matrimonio no es un asunto solo de dos personas, sino de sus respectivos clanes, y conlleva un proceso de negociaciones sin prisas que, normalmente, se desarrolla durante varios meses.

Un amigo de Phillip que estudiaba también Magisterio en la Universidad de Limpopo, Rubén Malaka, de Makweng, que ahora se conoce como Polokwane, y su padre, el sacerdote anglicano *father* Tsebe, fueron a ver a los padres de Hazel, los cuales, a su vez, llamaron a los tíos para comenzar las negociaciones para el matrimonio, un período que, en lengua sepedi, se conoce como *pulamolomo*, o lo que es lo mismo, 'abrir la boca'.

Al final, acuerdan que Phillip pague cinco vacas, más otras dos cabezas de ganado bovino para dar de comer a todos los invitados a la fiesta de la boda.

Antes de la celebración del matrimonio, en agosto de 1995, acuden a la ceremonia de dotación de la lobola, en la que hay una parte del ritual consistente en compartir la cabeza de una cabra recién sacrificada, que todos comen en la casa de uno de los amigos de Saint Mark´s, en Jane Furse.

Con toda probabilidad, se puede afirmar que Phillip es uno de los muy pocos blancos de aquella zona del Limpopo que se casó con una mujer negra. En cualquier caso, ambos forman parte de ese ínfimo porcentaje del 1 % de matrimonios entre personas de distintos grupos raciales.

Llega el gran día. El 13 de abril de 1996, Phillip y Hazel contraen matrimonio en la iglesia parroquial de Glen Cowie. El oficiante es el padre Antonio Calvera, también comboniano, y hermano del antiguo párroco, el padre Jaime Calvera, llegado de su parroquia de Waterval, que está en la misma diócesis. A la boda acuden los padres de Phillip y sus tres hermanas, y pasan el resto del día y de la noche celebrando el enlace en casa de Hazel, en Setebong. En su fiesta no faltó el buen vino. No podía ser de otra manera estando allí presente Jesús de Nazaret, y más en un lugar como Sudáfrica.

Los novios, cuyas economías en aquel momento no están como para tirar cohetes, se van de luna de miel a una bonita ciudad–museo muy turística de la provincia de Mpumalanga llamada Pilgrim´s Rest, donde no pasan mucho tiempo. Cuando se acaban el tiempo y el presupuesto disponibles, se marchan para instalarse en su primer hogar, la pequeña habitación que Phillip ha alquilado en Mamone. Cuando están aún en el vehículo, empiezan a discutir a causa de una fruslería.

Se acaban de casar y han pasado tres días sin tener un desacuerdo, lo cual no está nada mal para empezar. En ese momento, como si fuera un signo venido del cielo, un coche que viene en dirección contraria se detiene a su lado y les hace señas para que paren. Cuando miran, se dan cuenta de que es el obispo de Witbank, monseñor Mogale Paul Nkumishe, quien sale del vehículo para felicitarles por su reciente boda y charlar un rato con ellos, después de lo cual les da su bendición antes de continuar con su camino y, de paso, poner fin a la incipiente discusión.

La habitación que Phillip ha alquilado en Mamone está en la parte trasera de un garaje, es pequeña y hace, a la vez, de dormitorio, salón, comedor y cocina, pero contigo pan y cebolla. Y «una buena parte del espacio estaba ocupado por los libros de Phillip», recuerda Hazel, a quien nunca se le escapa un detalle.

A los pocos meses se mudan a una casa mucho mejor y con más espacio en la misión luterana de Lobethal. A Phillip le han ofrecido un nuevo trabajo de profesor en la ciudad de Ga-Marishane, en una escuela secundaria pública que lleva el nombre de Bopedi Bapedi. Allí empieza a dar clase de Matemáticas, Física y Química. Phillip y un voluntario norteamericano del Peace Corps son los dos únicos profesores blancos. En cada aula hay unos 60 alumnos, un número que resulta excesivo para Phillip, que estaba acostumbrado a enseñar, cuando estaba en Saint Mark's, a grupos de 20 o 30 chicos. Pero no es esa la dificultad principal. Pronto se da cuenta de que a sus alumnos les falta preparación previa y han llegado al comienzo de la Secundaria con un nivel académico muy bajo.

Mientras tanto, Phillip y Hazel, que son dos personas muy sociables siempre deseosas de entablar nuevas relaciones de amistad, se afanan por conocer a sus nuevos vecinos. Pronto entablan lo que parece ser una muy buena amistad con una señora que vive sola. Parece un poco enigmática, pero es amable y hospitalaria. Un día les invita a cenar. Cuando se preparan para ir, acuden varias personas de su barrio para ponerles en guardia muy seriamente: les avisan de que tengan mucho cuidado con su anfitriona, que es conocida en el vecindario por ser una bruja que causa la muerte a los que caen en sus redes. Los recién casados se quedan de piedra y no saben qué hacer. Al final, la presión resulta tan fuerte que no tienen más remedio que ser muy precavidos y dejan de aceptar comida de la vecina, aunque sin estar muy convencidos de haber hecho lo correcto.

En su nueva escuela, Phillip hace lo que puede. Enseña durante un período de 20 meses y después vuelve a su querido Saint Mark's. Pero, en esta ocasión, no pasa allí mucho tiempo. En agosto de 1997 acepta un puesto de maestro de Primaria con una fundación benéfica llamada Primary Science Programme, que tiene un plan para reforzar la enseñanza de las asignaturas de ciencias en escuelas primarias rurales. Allí pasa siete meses, hasta febrero de 1998.

De ingeniero nuclear a maestro de escuela primaria. Un verdadero salto mortal. En este nuevo puesto gana un salario muy modesto, pero la personalidad de Phillip se ha afianzado como la de una persona orientada al servicio y no hacia el subir de escalafón. Demuestra que el dinero no está entre sus principales valores ni motivaciones. Otra persona no habría aceptado lo que percibiría como un descenso en su carrera profesional, pero lo que Phillip más aprecia es que, durante aquella época de su vida, ha hecho más nuevos amigos que nunca. Siempre ha pensado, y ahora más que nunca, que las relaciones humanas son mucho más importantes que lo económico.

A Phillip le cuesta aceptar que en las escuelas primarias en las que intenta elevar el nivel en las asignaturas de ciencias, los niños apenas entienden sus explicaciones porque su nivel de inglés es muy bajo. Esta realidad no es extraña: aún colean, y mucho, las secuelas de la educación bantú de los años del *apartheid*. Esta situación pone a prueba su paciencia. Los alumnos pueden tardar 30 o 40 minutos en escribir una frase correcta.

Con su mentalidad de ingeniero, Phillip se da cuenta de que la tarea a la que se enfrenta cada día es más difícil que programar sistemas informáticos: «Una máquina recuerda, pero una persona olvida», sentencia certeramente. Al cabo de seis meses de darse de golpes contra el muro sin ver ningún avance, tiene una idea que le parece brillante: para sentar unas bases sólidas en la educación hay que impartir los primeros años de enseñanza en la lengua materna de los alumnos, la que entienden bien, en este caso el sepedi, y se lanza con entusiasmo a preparar libros de texto en inglés y en sepedi, lengua que ya empieza a resultarle más que familiar. Pero pronto se encuentra con una barrera que nunca podría haberse imaginado: los que se oponen más a su proyecto educativo son los padres de sus alumnos. Ellos querían toda la enseñanza en inglés, sin aceptar que sus hijos ni entendían bien esa lengua ni mucho menos se expresaban correctamente en ella.

Con toda la buena voluntad del mundo, Phillip piensa que enseñar en sepedi es dar un gran paso hacia adelante, mientras que los padres están convencidos de que enseñar en la lengua vernácula es empujar a sus hijos a un nivel aún más bajo. En el fondo, aunque no se atreven a decirlo abiertamente, la propuesta de Phillip les recuerda a los tiempos de la educación bantú, con todas sus humillaciones. Durante aquellos años, bajo el *apartheid,* se promovía la enseñanza en la lengua materna, lo que hizo que mucha gente de las comunidades negras pensara que esto les negaba el acceso a una educación internacional, en inglés. Nunca, ni remotamente, pudo Phillip pensar en promover un método educativo que la gente intuyera como opresor.

Phillip no entiende que los padres de sus alumnos no apoyen su proyecto educativo, pero está convencido de que los otros maestros le entenderán y estarán de acuerdo con él. Tras encontrarse con un inquietante muro de silencio como primera reacción, pronto descubre que ninguno de sus compañeros de claustro comparte sus ideas. Se da cuenta de que no tiene cartas con las que jugar y solo le queda una salida, por dolorosa que sea aceptarla. En julio de 1997 dimite de su puesto.

El director del Primary School Programme, Peter Glover, le pone en contacto con otra ONG que trabaja en el campo de la educación, la Phalaborwa Foundation, a unos 300 kilómetros de Mamone, que también trabaja para reforzar las capacidades profesionales de los maestros. Situada en la ciudad de Phalaborwa, depende de la empresa Rio Tinto, que explotaba las minas de cobre en aquella zona.

Mientras tanto, Phillip y Hazel siguen con interés los acontecimientos que se desarrollan en su país. En septiembre de 1997 oyen en la radio que la antigua esposa del presidente Nelson Mandela ha sido llamada a declarar ante la Comisión de la Verdad y la Reconciliación. Se espera que comparezca delante de su presidente, el arzobispo Tutu, en una audiencia pública. Espoleados por la curiosidad y sin pensárselo dos veces, cogen el coche y se encaminan a Soweto, el *township* negro cerca de Johannesburgo, para presenciar su declaración. Cuando llegan, algo más allá de las nueve de la noche, ya es muy tarde. No es una hora muy conveniente para moverse por ese enorme suburbio en el que la criminalidad ha aumentado durante los últimos años. Pasan bastante miedo hasta que dan con la casa de un amigo, Pius Zwane, que vive allí y les ha invitado a hospedarse con él.

Al terminar el *apartheid,* la sociedad sudafricana buscó la manera de superar el trauma que la mayoría de su población vivió durante décadas de sufrimiento causado por la discriminación racial. Aquel sistema promovió y justificó la comisión de numerosos crímenes de lesa humanidad. Algunos –qué casualidad, sobre todo entre los blancos– pedían simplemente pasar página, olvidar y no volver a hablar del tema. Pero caer en un estado de amnesia general voluntaria nunca podría sanar las heridas del pasado y mucho menos sentar las bases para una verdadera reconciliación nacional. Otros –sobre todo entre la mayoría negra– pedían unos procesos ejemplares para juzgar a los responsables del sistema del *apartheid,* algo parecido al proceso de Nuremberg, que al final de la Segunda Guerra Mundial juzgó y condenó a los principales líderes del nazismo.

El modelo que fue aceptado se definió con el nombre de Comisión de la Verdad y la Reconciliación, y básicamente consistía en que las víctimas podían llevar sus casos ante cualquiera de las oficinas de esta Comisión, que funcionaba como un tribunal de justicia con poder de convocar a declarar a quienes consideraba como sospechosos de haber cometido crímenes graves. Estas personas podían optar a una petición de perdón –sobre la cual la Comisión debía pronunciarse–, pero siempre tras una confesión completa en público, a la que atribuían un poder de catarsis por sacar a flote la verdad, por dolorosa que esta fuera. Desmond Tutu, el presidente de la Comisión, escribió a finales de los años 90 un magnífico libro titulado *No future without forgiveness*[3], en el que explica, desde su experiencia, cómo funcionó la Comisión, así como sus logros y también algunos de sus fracasos.

Tras la condena y el encarcelamiento de su marido en 1962, Winnie Mandela continuó muy activa en la lucha contra el *apartheid* llevada adelante por el Congreso Nacional Africano. Gozó de una gran popularidad entre los negros, pero tuvo sus años sombríos en los que se cometieron abusos serios que la salpicaron directamente. La Comisión la convocó para que declarara en relación con el asesinato de un joven por parte de miembros del Mandela Football Club, del

---

[3] Editado en castellano con el título *Sin perdón no hay futuro.*

que era presidenta. Aquel grupo, bajo la apariencia de un club deportivo, secuestró y torturó, muchas veces bajo instrucciones de Winnie Mandela, a personas a las que acusaba de ser colaboradoras de la Policía.

Phillip y Hazel recuerdan muy bien su comparecencia ante el tribunal, en un ambiente electrizante. Esquivando de forma sibilina las preguntas de los jueces, una tras otra, Desmond Tutu dio la impresión varias veces de perder la paciencia.

—Se lo suplico, se lo suplico, se lo suplico... Usted es una gran persona y no sabe cómo su grandeza resaltaría aún más si pudiera decir: «Lo siento, las cosas salieron mal, perdónenme».

La exesposa de Mandela —se divorciaron en 1996—, que durante su comparecencia mostró una gran arrogancia y cero empatía hacia las víctimas que sufrieron un trato violento por parte de los miembros de su club, solo llegó a musitar una excusa muy vaga: «Sí, las cosas salieron mal», pero sin llegar a reconocer de forma explícita su culpa ni menos aún pedir disculpas.

En su conclusión final, la Comisión la declaró «política y moralmente culpable» de los hechos que se le imputaban. Algunos meses después, Winnie Mandela declararía en un documental que durante los cuatro días que duró la vista hervía de rabia en su interior.

La actitud exhibida por Winnie era compartida por muchos sudafricanos negros que pensaban que la Comisión solo debía ocuparse de exponer los abusos cometidos por los líderes del *apartheid* contra la población negra. En su opinión, este instrumento de reconciliación presidido por Tutu debía dejar de lado los casos de supuestos abusos contra los derechos humanos cometidos por algunos de los líderes de la lucha contra el sistema segregacionista. Estos hechos tenían que ser entendidos en el contexto de la «lucha por la liberación», como si haber participado en esta eximiera a los supuestos liberadores de la obligación de respetar la vida y la integridad física de los demás.

Cuando terminó el mandato de la Comisión y esta público su informe final, hacia finales de 1998, varios líderes del CNA rechazaron sus conclusiones, porque entre ellas figuraban la condena por casos de torturas y ejecuciones extrajudiciales ocurridas en los campos militares del Umkhonto we Sizwe ('La Lanza de la Nación'), la rama armada del CNA, en países donde tenían sus bases, como Zambia, Mozambique y Zimbabue. Tutu reconoció en 1988, en su última reunión informativa con el presidente Nelson Mandela, que la Comisión había dejado profundamente insatisfechas a muchas personas de ambas partes.

La Comisión, conocida por sus siglas en inglés TRC (Truth and Reconciliation Commission) ha servido de modelo y de inspiración a tribunales mixtos que se han puesto en marcha en países que también han salido de un período de conflictos en los que ha habido violaciones extremas de derechos humanos, como Perú, Sierra Leona o Liberia, pero en el lugar donde se gestó este experimento para sanar las heridas del pasado su impacto fue, por lo menos, muy limitado.

La naturaleza del ser humano es la misma en todas partes. Parece una verdad muy evidente que lo que está mal, está mal, lo haga quien lo haga. Sin embargo, sobre todo en situaciones de conflicto y posconflicto, mucha gente solo está dispuesta a aceptar que lo que está mal, está mal si lo hace mi enemigo, pero está bien si lo hacen los de mi propio bando.

* * *

Tras un período inicial marcado por una situación de provisionalidad bastante incómoda, con el nuevo contrato de la Phalaborwa Foundation parece que la pareja tiene la oportunidad de asentarse. El casado, como ya se sabe, casa quiere. La empresa que ha contratado a Phillip le ofrece una, y muy buena, donde van a pasar los siguientes cuatro años de sus vidas, hasta abril de 2001. De nuevo, Phillip, que no es el tipo de persona que se rinde ante la primera dificultad, dedica gran parte del tiempo a su acariciado proyecto de escribir libros de texto de Física en inglés y en sepedi. El contenido se basa en peguntas y respuestas que suelen aparecer en los exámenes.

Como parte del trabajo de la fundación, Phillip y Hazel viajan a Taiwán en marzo de 2001con los dos alumnos más brillantes que han salido de las escuelas apoyadas por esta ONG. Los chicos tienen que participar, con una exposición de tema científico, en un concurso internacional. Uno de ellos es afrikáner y el otro es sudafricano de origen indio. A pesar de la preparación de ambos, se dan cuenta de que el nivel de los alumnos llegados de otros países es muy alto y los suyos no pueden competir.

La Fundación se queda pronto sin fondos suficientes para pagar a Phillip, pero otra organización que lucha por elevar el nivel educativo del país, la Science Expo, con sede en Johannesburgo, le ofrece trabajar en una de sus sucursales para promover la presentación de proyectos escolares.

El matrimonio decide asentarse en la ciudad de Marble Hall, en el noreste del país, lejos de la cada vez más insegura Pretoria. También por problemas de falta de fondos suficientes de la nueva empresa, Phillip y Hazel solo podrán quedarse allí cuatro meses. La precariedad laboral que sufren muchos sudafricanos parece que llama también a su puerta. Phillip se inquieta: con contratos de corta duración es difícil hacer planes de futuro y sacar adelante a su familia, porque Hazel en aquel momento estaba embarazada. Tiene 43 años y aunque en su currículum se presenta como ingeniero, el hecho de que durante los últimos 16 años no haya ejercido como tal no es una muy buena carta de presentación.

En marzo de 2025, Marble Hall ofrecía el aspecto de ser una ciudad dormida, casi una villa fantasma aletargada en la que se ven barrios de casas de lujo rodeadas de altos muros y alambradas eléctricas donde, de vez en cuando, se cruza uno con algún coche caro. Los únicos viandantes que aparecen ocasionalmente son ciudadanos negros, casi todos ellos de uniforme, ya sean cocineras, jardineros o guardas de seguridad. El tiempo parece no haber pasado por allí. Lo único que ofrece algún atractivo son los abundantes árboles que flanquean sus calles y que proyectan una generosa sombra que se agradece en un día algo caluroso.

Como si se sintiera trasladada a varias décadas atrás, la vista de un empleado doméstico negro, de una cierta edad, vestido de uniforme, parece despertar en Hazel recuerdos de otros tiempos.

–Durante el *apartheid*, los blancos llamaban *boy* a su sirviente negro. Para que quedara claro que para ellos era un simple muchacho, aunque tuviera 60 años, muchas veces le obligaban a llevar pantalones cortos.

Phillip, que está al volante, asiente.

–El *boy* tenía que dirigirse a su jefe llamándole *boss*. Incluso a los niños del amo tenía que llamarlos así. Los chiquillos blancos, aunque solo tuvieran cinco o seis años, también tenían que llamar al criado *boy*, un hombre que, muy a menudo, por su edad, podría ser su abuelo. En África tratamos con mucho respeto a las personas mayores. ¿Te parece que puede haber una humillación mayor?

Phillip, Hazel y un servidor hemos llegado a Marble Hall por la tarde. Los dos me han enseñado la vivienda en la que residieron brevemente y que hoy parece estar vacía. Saliendo de allí nos topamos con una iglesia en cuya entrada figura la leyenda *Afrikaanse Protestantse Kerk* (Iglesia protestante afrikáner) y en cuyo interior se ve un amplio recinto que parece bien cuidado y que, como todo en esta ciudad, está –o parece estar– deshabitado. Cuando oigo a Phillip decir que en este templo solo admiten en su interior a fieles blancos que hablen afrikáans tengo que repetir la pregunta para asegurarme de que he oído bien.

Para entender este sinsentido hay que remontarse a los años del *apartheid*, cuando la Iglesia reformada holandesa, templo del más rancio calvinismo, apuntalaba el régimen de segregación racial con su peculiar teología del pueblo elegido, señalando a los afrikáners como la nueva versión del pueblo de Israel que, tras un arduo éxodo por el desierto –el Gran Trek del siglo XIX–, conquistaron la tierra prometida que Dios les regaló como signo de su alianza. Es curiosa la utilización que muchos han hecho de la Biblia en Sudáfrica desde hace siglos: los bóeres la invocaron para justificar el *apartheid*, aduciendo que ellos, como el nuevo pueblo elegido, no pueden mezclarse con los paganos –léase los negros–. Por su parte, muchos de los que lucharon en contra de ese sistema, usaron también argumentos bíblicos para presentar a los negros como el nuevo pueblo de Israel al que Dios liberó de la esclavitud del faraón –los dirigentes del *apartheid*–. Yo, en cualquier caso, y sin menoscabo de aquello de que doctores tiene la Iglesia, prefiero quedarme con la segunda interpretación.

Uno de los principales teólogos de la Iglesia reformada holandesa fue Beyers Naudé, un blanco afrikáner que, en 1960, tras la masacre de Sharpeville, dio un giro de 180 grados en su vida, se atrevió a denunciar la segregación racial y llegó a separarse de su Iglesia. Pagó muy caro su compromiso por los derechos humanos. Fue encarcelado y sufrió durante años las medidas que el Gobierno impuso a muchos de sus oponentes durante los años del estado de emergencia, incluida la prohibición de participar en reuniones y de salir fuera del país. Fue presidente del Consejo Ecuménico de las Iglesias de Sudáfrica, puesto desde el que luchó con todas sus fuerzas contra el racismo. A principios de los años 90 fue el único blanco afrikáner que formó parte de la delegación del CNA que negoció la transición con el Gobierno de De Klerk, aunque no llegó nunca a tener el carné del partido.

Beyers Naudé fue un precursor y, como suele ocurrir con las personas que se adelantan a su tiempo, pagó muy caro su compromiso y los suyos le hicieron el vacío. Más de dos décadas más tarde, en 1982, el Consejo General de la Alianza Mundial de Iglesia Reformadas declaró que el *apartheid* era «un pecado» y que todo intento de justificarlo teológicamente sería declarado como una herejía. En consecuencia, la Iglesia reformada holandesa fue expulsada de la Alianza. Cuatro años más tarde, como si hubieran tardado en recuperarse de aquel impacto, sus dirigentes publicaron una confesión en la que, con un lenguaje cuidadosamente elegido, renegaron de sus postulados pasados, pero comprendiendo que el «desarrollo separado» podía entenderse, no se fueran a molestar algunos.

Aquello les pareció demasiado a algunos de sus fieles y 3 000 de ellos se separaron en 1987. Estos disidentes formaron el germen inicial de la Iglesia protestante afrikáner. A las puertas de uno de sus templos nos encontramos esperando, en vano, a que alguno de sus iluminados ministros salga a darnos la bienvenida a los tres, o por lo menos a Phillip y a mí, que a Hazel ya sabemos que no es probable que la hagan mucho caso. En la actualidad, en su página web –exclusivamente en lengua afrikáner– dicen ser 35 000 fieles repartidos en 103 congregaciones, todas ellas en Sudáfrica, menos siete que están en Namibia. Ya dijo aquel torero que en este mundo «hay gente pa to».

Muy cerca de este peculiar templo se encuentra la escuela privada CVO Marmer, que enseña exclusivamente en afrikáans y que forma parte de una cadena de instituciones que, durante los últimos años, han surgido como representantes de los nostálgicos del *apartheid*. Entre otras cosas reivindican el uso exclusivo de esta lengua, enfrentados a los que les parece que ese es el lugar de privilegio que el Gobierno otorga a la lengua inglesa, sobre todo en la enseñanza.

Antes de marcharnos de Marble Hall viene a mi mente el contraste entre esta ciudad, que más que dormida parece muerta y enterrada, y el grato recuerdo, el día antes, de la vitalidad y el bullicio que nos envolvió en las calles de Jane Furse, llenas de colegiales con sus uniformes que vuelven a sus casas, llenas de colorido, de música y de mercados, de donde entra y sale gente, además de algunas cabras que parecen pasearse solas, en lo que parece un trasiego sin fin. En uno de sus tugurios dimos cuenta de un buen plato de *fish and chips* mientras intercambiábamos bromas y comentarios con las camareras y algunos de los clientes apostados en la misma barra que nosotros. El lugar era pequeño y no muy limpio, pero transmitía calor humano.

Dos ciudades a apenas 80 kilómetros de distancia. Una de ellas, en un tiempo no muy lejano, apostó por la lucha contra la segregación racial, la educación y la integración. La otra prefirió quedarse anclada en el pasado. La primera rebosa alegría de vivir. La segunda, aturdimiento. Cada uno recoge lo que siembra.

En 2001 Phillip y Hazel estuvieron apenas cuatro meses en Marble Hall. Yo también habría dado gracias a Dios por no haberme quedado a vivir allí más tiempo.

* * *

Los nostálgicos del *apartheid* son la expresión más extrema de un descontento que, en honor a la verdad, ha ido aumentando en Sudáfrica, por lo menos, desde comienzos del siglo XXI, e incluso antes. Las enormes desigualdades económicas que siguen existiendo, la falta de mantenimiento de las infraestructuras, la inseguridad que no cesa y los múltiples casos de corrupción que parece que nadie intenta atajar, han hecho que vivir en el país del arcoíris, como Desmond Tutu lo definió durante sus años más optimistas, no sea una opción muy atractiva para muchos. Un sociólogo norteamericano, Evan Liebermaan, publicó en 2019 un libro titulado *Until we have won our liberty* en el que asegura que en una encuesta que él mismo realizó aquel año en la localidad de Mogale City, el 55 por ciento de los blancos encuestados respondieron que la vida en aquel momento era peor que en la época del *apartheid*. Lo más llamativo es que, en la misma encuesta, el 50 por ciento de los negros preguntados dijeron lo mismo.

El ser humano suele exhibir una tendencia a la nostalgia cuando recuerda el pasado, incluso cuando este ha estado marcado por acontecimientos dolorosos. Parte de la desilusión que muchos sudafricanos expresan desde hace años podría explicarse, en parte, por ese fenómeno que los psicólogos explican con todo detalle. En cualquier caso, cuando nos marchamos de Marble Hall y enfilamos la carretera de regreso a Pretoria, a Hazel y a Phillip no les noté, en absoluto, nostalgia ni mucho menos pena por dejar atrás esta peculiar ciudad, de la que nos marchamos sin hacer ruido, respetando el sueño en el que parece estar sumida y del que no parece tener muchos deseos de despertar.

Capítulo 9

Preguntas y respuestas

«La pena es mejor que el miedo. El miedo es un viaje, un viaje terrible, pero la pena, por lo menos, es un punto de llegada».
Alan Paton

Durante los años que transcurrieron entre la puesta en libertad de Nelson Mandela, en 1990, y las primeras elecciones democráticas de 1994, el mayor temor de los sudafricanos –y de la comunidad internacional que los observaba– fue el posible descenso a una guerra civil. Aunque hubo numerosos incidentes serios de violencia que hicieron temer que aquel escenario no fuera, ni mucho menos, improbable, la transición política de Sudáfrica se realizó, en general, por medios pacíficos. Pero pocos años después, el país tendría que enfrentarse a otra guerra no menos mortífera que nunca se imaginó: el flagelo del sida.

Aunque el primer caso de muerte por esta enfermedad en Sudáfrica se remonta a 1982, ni el régimen del *apartheid* ni las nuevas autoridades surgidas tras las elecciones de 1994 tomaron medidas serias para evitar la extensión de la pandemia, que aumentaba de forma silenciosa. El estigma que se asoció a la enfermedad no hizo sino aumentar cuando algunos líderes blancos del régimen racista empezaron a proclamar que la infección por VIH era la consecuencia de la promiscuidad de los homosexuales... y los negros. Durante la presidencia de Mandela, su Gobierno lanzó un Plan Nacional contra el Sida, que se centró en lanzar campañas de educación ciudadana para promover la prevención. Al final, la mayor parte del dinero de los donantes – sobre todo de la Unión Europea– para financiar estas acciones de sensibilización, se gastó en poner en marcha el musical *Sarafina II*, como una continuación del exitoso *Sarafina,* compuesto por los músicos Mbongeni Ngema y Hugh Masekela, sobre la revuelta de los estudiantes negros en Soweto en el 76, que antes había triunfado sobre los escenarios de Broadway, donde se representó durante un año ininterrumpido, y fue posteriormente llevado al cine. Muchos activistas que luchaban contra el sida señalaron que el guion de la nueva obra era inapropiado, su calidad artística no llegaba, ni mucho menos, a la altura del primer musical y que se estaba malgastando un dinero muy necesario que podría haber sido utilizado para otras acciones más eficaces. El mismo Mandela, años más tarde, reconoció que haber financiado el musical fue uno de los peores errores de su Administración.

El hombre que sucedió a Mandela a partir de 1999, Thabo Mbeki, no hizo sino continuar dando bandazos y encadenando errores mientras las cifras de infección por VIH seguían subiendo sin parar. En 2005, Sudáfrica tenía cinco millones de personas seropositivas, lo que le convirtió en el país con la tasa de infección más elevada del mundo. Los especialistas en epidemiología se echaban las manos a la cabeza cada vez que oían a Mbeki asegurar que no estaba demostrado que el VIH causara el sida. Cuando un político que no ha estudiado Medicina opina sobre temas de salud sin tener en cuenta las recomendaciones de los especialistas en sanidad pública, tiene todas las posibilidades de meter la pata, y así ocurrió en Sudáfrica.

Por si fuera poco, su ministra de Sanidad, Manto Tshabalala–Msimang, se hartó de decir en público que los medicamentos antirretrovirales conocidos por sus siglas ARV–, que empezaban a frenar drásticamente las muertes por sida en todo el mundo, eran tóxicos. Para completar estos disparates, la política se hizo famosa por promover «tratamientos africanos» como pócimas a base de ajo, limón y remolacha para, supuestamente, curar el sida. Aquello le valió el mote de Doctora Remolacha. Durante los nueve años que ocupó el cargo, desde 1999 a 2008, la esperanza de vida en Sudáfrica cayó a los 49 años y las muertes por sida se multiplicaron por dos. Muchos líderes del CNA que se dieron cuenta del estropicio que estas políticas estaban causando, prefirieron quedarse callados para no ser acusados de indisciplina o de falta de patriotismo. Habría sido una historia cómica, o al menos grotesca, si no hubiera sido por los muchos miles de sudafricanos que murieron como consecuencia de la irresponsabilidad de sus dirigentes. Por suerte, numerosas organizaciones de la sociedad civil empezaron a organizar acciones de protesta, con manifestaciones masivas en las calles, para forzar al Gobierno a impulsar un plan global y poner los ARV a disposición de las personas infectadas por VIH.

* * *

Mientras tanto, Phillip y Hazel están pasando por otros problemas, no menos preocupantes, que tampoco se habrían imaginado.

Después de su boda, desean que los hijos vengan con rapidez para completar su hogar. Pero pasan los años y los niños, tan anhelados, no llegan. Ante las sospechas de que puedan tener un problema de infertilidad, rezan sin parar. Siguiendo la sabia máxima de «a Dios rogando y con el mazo dando», al mismo tiempo van a ver a un médico. Unos amigos les han aconsejado a uno sudafricano, el doctor Erasmus, que tiene su consulta en Polokwane. Y allí se presentan. La intuitiva Hazel se da cuenta desde el primer minuto que al médico que les recibe no le hace ninguna gracia ver a un blanco casado con una negra. Tras examinar a ambos por separado, llama a Hazel y le comunica, a solas, su diagnóstico con una gran frialdad:

—Señora, usted no tiene ningún problema de infertilidad, pero su marido sí, y muy grave. Mientras siga usted con él nunca podrá tener hijos.

Hazel se queda de piedra. Tras unos momentos de aturdimiento, pregunta al médico si hay algún remedio. Su respuesta le deja aún más preocupada.

—Si quiere usted tener hijos, le aconsejo que se divorcie de su marido.

—Perdone, ¿cómo dice?

—Es lo mejor que usted puede hacer. De todos modos, le voy a dar la receta de un medicamento que podría ayudarle, aunque hay que esperar a ver cómo responderá su organismo al tratamiento. Tómeselo y vuelva a verme dentro de unos días para ver si hay alguna posibilidad de mejoría.

Hazel y Phillip salen de la consulta sin muchas esperanzas. Hazel no dice nada, pero en su interior está tan furiosa que, en el primer momento en el que ella y su marido se separan durante unos minutos, coge la receta que el médico le acaba de dar, la rompe en mil pedazos y la tira a un contenedor de basura.

Ya en casa, por la noche, le cuenta a Phillip su conversación con el médico. O mejor dicho, una parte de ella, ya que omite por completo el consejo del divorcio —se lo revelará años más tarde, cuando ya ha pasado la pesadilla— y la búsqueda de otro hombre para poder quedarse embarazada. Phillip se da cuenta de que a su mujer este problema le está causando más estrés que a él y solo acierta a decirle que se tranquilice, que las cosas van a salir bien, y que hay que seguir rezando porque «Dios siempre nos escucha y nos responde».

Pasados unos días, Hazel le dice a Phillip que tiene que volver a ver al doctor Erasmus y que tiene que ser al día siguiente, sin tardanza. Inteligente como es, se ha asegurado de que Phillip tenga un día muy ocupado y que no pueda acompañarla al lugar al que ha decidido ir.

Como Phillip tiene que ir a trabajar, ambos salen en coche y, llegados a un cruce de carretera, deja a Hazel para que coja un taxi que la lleve a Polokwane. Ella se queda esperando hasta que el coche de su marido desaparece en el horizonte. Cuando llega un taxi que va en dirección a Glen Cowie, hace señas al conductor para que se pare. Se encamina hacia allí, muy lejos de Polokwane, donde no tiene ninguna intención de volver.

En este mismo cruce de carreteras me encuentro, tomando notas con rapidez, un día del mes de marzo de 2025, mientras Hazel y Phillip me cuentan con todo lujo de detalles cómo hace algo más de dos décadas se les partía el alma en pedazos cuando buscaban ayuda para poder tener hijos y cada día se encontraban con una nueva puerta cerrada y miraban a su alrededor para buscar otro resquicio por donde meterse para encontrar la solución. Llevo ya casi dos semanas con ellos y en ocasiones como esta no puedo evitar sentirme como un intruso que a veces no sabe si debe seguir preguntando por miedo a remover momentos de un pasado doloroso que han debido de dejar heridas, tal vez aún no curadas del todo, en la intimidad de ambos. Miro delante de mí y contemplo un paisaje inmenso que se pierde en un horizonte de montañas hacia donde el viento sopla fuerte como si se llevara con él huellas de un pasado preñado de recuerdos sombríos. Pienso que si yo me hubiera quedado solo aquel día, agobiado por un problema sin aparente solución, seguramente habría preferido que me tragara la tierra.

Hazel se ha informado bien a través de sus contactos y ha trazado su plan. Le han aconsejado que vaya a ver a un médico cubano, el doctor Bosqui. Cuando está en su consulta, el buen hombre, muy comprensivo y con un talante muy distinto al del primero que han visto y que aconsejó –o casi ordenó– a Hazel que se divorciara de Phillip, le recomienda que su marido vea a un urólogo. «Venga, vamos a intentarlo», dice a Hazel, mientras hace todo los posible por levantarle el ánimo. Cuando Hazel vuelve a casa y le cuenta a Phillip el resultado de su consulta del día, le dice que el doctor Bosqui quiere ver a los dos, y sin pensárselo mucho, deciden ir juntos a su consulta.

Mientras tanto, Phillip ha empezado a trabajar con la Phalaborwa Foundation. Es 1998. Tras la consulta de ambos con el médico cubano, este les remite a otro compatriota suyo que está en la ciudad de Tzaneen, a unos 100 kilómetros de Phalaborwa. Tras varias idas y venidas, se ponen en manos de un doctor congoleño, el doctor Taratiba, que trabaja en el hospital de Phalaborwa, y que receta nuevos medicamentos a Hazel.

Siguiendo los consejos del doctor Taratiba, Phillip se opera y Hazel sigue un tratamiento paralelo durante varios meses. Por si acaso, y por si los remedios médicos no llegaran a buen puerto, Phillip sugiere que tal vez sería una buena idea – un plan b– adoptar al niño de una de las hermanas de Hazel, que acaba de quedarse embarazada y está atravesando una situación personal muy difícil. Hazel reacciona con furia. De ninguna manera. Los médicos le han dicho que la joven saldrá de cuentas en noviembre. Mientras aún están ponderando –no sin tensiones– si apostar por esta carta, el día en que menos se lo esperan, en agosto, Hazel se hace un nuevo test de embarazo y esta vez el resultado es positivo.

El 2 de mayo de 1999, la alegría llega por fin al hogar de los Pare. Hazel da a luz a un hermoso niño, al que bautizan con el nombre de Karabo, que en lengua sepedi significa 'respuesta'. Es su forma de celebrar la profunda convicción que tienen de que Dios, que los ha escuchado, no se ha quedado en silencio.

Recordando aquellos años difíciles, Phillip recapitula: «Esta historia quedó profundamente grabada en nuestras vidas. Cada vez que hemos tenido un problema con nuestros hijos, hemos recordado que no fue nada fácil poder tenerlos».

Para incrementar su alegría, dos años después, en 2001, nace su segundo hijo, al que bautizan en la iglesia de Mamone con el nombre de Tumisha Modimo, que quiere decir 'alabanza a Dios' en sepedi. En casa pronto empiezan a llamarla Tumi.

Hazel concibe una tercera vez, pero esta vez tiene un aborto espontáneo y pierde al nuevo bebé que esperaban.

La respuesta de Dios no llega solo con el nacimiento de su primer hijo, sino también con una perspectiva de un empleo más estable que les ofrecerá un ambiente de tranquilidad. Tras encadenar varios empleos temporales y después de un período de desempleo en Marble Hall, Phillip recuerda una tentadora oferta de trabajo para impartir clases de Física en la Universidad de Pretoria. Ni corto ni perezoso telefonea al director de la University Foundation Year Programme (UFYP), Ubbo Smith, el cual le urge a que no se lo piense dos veces y se presente a la entrevista. Así lo hace Phillip. Esa misma tarde le comunican que ha sido seleccionado para el puesto.

Ni Phillip ni Hazel tienen casa en Pretoria, pero gracias a unos amigos consiguen una muy pronto con un alquiler razonable. Se mudan a la capital sin tardanza.

Durante los siguientes siete años, Phillip se vuelca en un trabajo que le viene como anillo al dedo: es profesor en la universidad, pero en un curso propedéutico, consistente en ayudar a estudiantes nuevos, un año antes de comenzar el primer curso de carrera, a elevar su nivel académico para que no tengan dificultades en sus comienzos. Los años precedentes le han proporcionado experiencia sobrada en ayudar a estudiantes con dificultades de aprendizaje a elevar su nivel académico.

Han pasado por unos años muy difíciles, pero ya tienen dos hijos y un trabajo que les proporciona estabilidad para poder sacarlos adelante. Son una familia feliz y se lo merecen. Han aprendido que cuando a Dios le hacen una pregunta a Dios, él ofrece dos, tres o incluso más respuestas.

Capítulo 10

MI PADRE NO ES BLANCO

«No hay futuro sin perdón».
Desmond Tutu

«Cuando nos hieren, no nos recuperamos
hasta que perdonamos».
Alan Paton

H a transcurrido casi una década desde que se acabó el *apartheid*. La familia Pare está instalada en Pretoria y su primer hijo, Karabo, con cuatro años, acude por las mañanas a una escuela infantil en la que todos sus compañeros son negros. Eso de que los niños no entienden de razas ni de color de piel debe de ser verdad en el mundo de fantasía de los cuentos de hadas o, tal vez, en algún otro país feliz y de color de rosa que desconocemos, pero no en Sudáfrica, donde las mentalidades que se nutren de la segregación racial han seguido dando coletazos en todos los rincones del país habitados por seres humanos, niños incluidos. Karabo es el único chiquillo mestizo que comparte canciones y juegos con la legión de niños negros presentes en el patio del centro de educación preescolar. Y sus compañeros no pierden ocasión de recordárselo. Un día, varios de ellos que han estado cuchicheando mientras le miraban a distancia, se acercan y le preguntan, movidos por la curiosidad:

—Oye, tú, ¿es verdad que tu padre es blanco?

Como ocurre con la mayor parte de los negros que viven en Pretoria, algunos de los niños hablan sepedi y otros se expresan en sesotho del sur. En realidad, ambas lenguas son dos versiones distintas de un mismo idioma, el sesotho, y los que hablan una u otra se entienden mutuamente. Para referirse a una persona blanca emplean la palabra *lekgowa*. Es un término despectivo que suena mal y que invoca sentimientos de temor. Karabo no duda en responder.

—No, mi padre no es blanco. Los blancos dan miedo a la gente, y mi padre a mí no me da miedo.

Mientras me cuenta esta anécdota que recuerda con todo lujo de detalles, Phillip me muestra un libro que lleva por título *Lekgowa* y me anima a leerlo. Está escrito por un antiguo compañero suyo de colegio, Tony Harding, también de Ciudad del Cabo. Es un conocido sociólogo y periodista sudafricano, antiguo militante *antiapartheid*, hoy retirado.

«Esta palabra se usa para designar a una persona maleducada, que se enfada y te hace enfadar, que falta el respeto a los demás y que solo se preocupa de sí misma», afirma Harding en su libro. «Se refiere a una persona que desprecia la dignidad de los demás».

Llegada la noche, no puedo resistir a seguir sumergiéndome en sus páginas, en las que el autor intercala recuerdos de su vida personal con reflexiones sobre los mitos y la identidad en su país: «Los mitos son el resultado de la búsqueda de encontrar respuestas a preguntas sobre orígenes y destino, y superar el miedo a lo desconocido [...]. La identidad de los blancos [en Sudáfrica] se ha fundado en el mito de la superioridad racial [...]. Este mito puede ser deconstruido desenterrando cuidadosamente la historia».

La publicación del libro de Tony Harding, en 2010, provocó en Sudáfrica un debate interesante, con artículos a favor y en contra publicados en la prensa del país. El profesor Nahlanhla Make, jefe de la Sección de Estudios de Lenguas Africanas en la Universidad de Witwatersrand, negó que la palabra *lekgowa* tuviera connotaciones negativas e insistió en que significa, únicamente, 'persona blanca', sin más.

El pequeño Karabo, a sus cuatro años, no estaba para debates académicos, pero sospecho que, probablemente, no habría estado de acuerdo con el profesor Make.

El libro de Harding, responsable de unas cuantas noches de poco sueño durante mi estancia en Pretoria, despertó en mí una gran curiosidad sobre el tema de la identidad en Sudáfrica, sobre todo de la «tribu blanca». En prácticamente todas las sociedades en las que se libran conflictos violentos subyace siempre una cuestión de identidad que no ha sido resuelta. La historia de la humanidad está llena de ejemplos de gentes que luchan –y casi siempre terminan por recurrir a la violencia– para reivindicar identidades que, como afirma Harding, están fundadas en mitos y no raramente se muestran como falsas, sobre todo cuando estas identidades culturales alimentan sentimientos de superioridad en determinados grupos e incluso supuestos derechos a dominar y someter a otros grupos humanos. Abundan los mitos fundacionales que, al final, empujan a los grupos humanos que se identifican con ellos a hacer la vida imposible a los que viven a su lado.

A pesar de la bella expresión «el país del arcoíris», que Desmond Tutu proclamó durante los años de euforia de la transición a la democracia, Sudáfrica sigue teniendo un problema de conciliación de las distintas identidades para que sus ciudadanos se identifiquen con un sentimiento común de pertenencia a una única nación. No creo que los afrikáners que acuden a rezar a la iglesia de Marble Hall, que no admite negros, tengan muy desarrollado un sentimiento de identidad nacional que incluya como compatriotas a sus jardineros, limpiadores y cocineras, a los que siguen considerando como seres inferiores y cuyas condiciones de vida, y no digamos su cultura, les trae sin cuidado, aunque los necesiten para lavar el coche, cortar el césped o prepararles la comida. Phillip y Hazel se cuentan entre los, tal vez no muchos, sudafricanos que han transcendido barreras culturales para sentirse a gusto con una identidad multicultural que les hace congeniar en seguida con cualquier persona, de cualquier origen, en su patria común.

Agradezco a Phillip y Hazel que decidieran programar una visita a la casa del autor, en Johannesburgo, para darme la oportunidad de conocerle.

La gran metrópolis, considerada como la capital económica de Sudáfrica, está muy lejos de ser una ciudad atractiva. Desde los años 80, su centro urbano se ha ido vaciando de sus habitantes más adinerados, hombres de negocios y funcionarios, para dejar muchos de sus edificios en un estado de abandono, a merced de okupas que han convertido esos barrios en lugares que no controla nadie. En 1998, pasé mes y medio en Johannesburgo siguiendo un curso sobre transformación de conflictos. Recuerdo muy bien que salir a dar una vuelta a pie por cualquiera de sus barrios, cosa que hice demasiadas veces y que me pudo haber costado algún buen susto, era jugarse la vida a causa de la inseguridad. 27 años después, me he dado cuenta de que las cosas no han cambiado mucho. Joburg, como los sudafricanos la conocen, sigue ofreciendo el aspecto de un lugar frío y desangelado, y sus calles transmiten un aspecto de descuido total.

Mirando a grupitos de jóvenes –y no tan jóvenes– de aspecto desaliñado que se apostan en las esquinas sin que uno sepa muy bien qué hacen allí, uno tiene pocas ganas de bajarse del coche para pasear por sus calles que, de todos modos, tienen muy poco atractivo. La rápida sucesión de ocho alcaldes que la ciudad ha tenido de 2020 a 2024 da testimonio de su inestabilidad política y de la falta de soluciones. Durante los últimos años, muchos sudafricanos que vivían en el centro de la ciudad –y que han podido permitírselo– se han mudado a las barriadas próximas a Sandton, una zona mucho más segura y agradable, aunque también con un coste de vida bastante más elevado. Un ejemplo más de cómo funcionan las cosas en la ciudad más desigual del país y con más desigualdades del mundo.

En este gran marco urbano se extienden extensos barrios residenciales en los que no se ve a nadie caminando. Las casas están invariablemente rodeadas de altos muros con vallas electrificadas en los que lucen mensajes que avisan de una respuesta armada inmediata en caso de asalto a alguna de sus viviendas. En las ocasiones en las que he entrado en alguna de esas viviendas tipo chalé con amplios salones, piscina y un jardín extraordinario, me he preguntado cómo me sentiría habitando en uno de esos casoplones de lujo, como si fuera una jaula de oro, rodeado de todas las comodidades, pero sin poder salir a dar cuatro pasos por mi barrio y yéndome a dormir todas las noches con el temor a que a una banda armada le dé por intentar penetrar en mi casa para robar usando una violencia gratuita que me haría temer por mi vida.

Durante el tiempo que pasé con Phillip y Hazel en Sudáfrica, me llamó la atención que, al mismo tiempo de que todo el mundo se quejaba de la inseguridad galopante, apenas vi policías patrullando por ninguna parte. El negocio de la seguridad está en manos de compañías privadas, uno de los sectores económicos que están más en alza en el país. Como dicen en Kenia, en expresión suajili, «*sida yako biashara yangu*», o lo que es lo mismo, 'su problema es nuestro negocio'.

La casa, tipo chalé, de Tony Hardings no es muy grande en comparación con otras de su mismo barrio. El buen hombre, que estaba solo con su hija, nos recibió con ganas de hablar. Su mujer estaba durante esos días ocupada en su finca. Hardings vive retirado, aquejado por varias dolencias que limitan mucho sus movimientos, pero sigue teniendo la cabeza muy activa y es un gusto escucharle hablar de cualquier tema que tenga que ver con la política y los análisis sociales y económicos de su país, que sabe colocar en el contexto mundial. Es una pena, porque, a pesar de estar jubilado, una persona con su trayectoria académica y personal podría dar conferencias y cursos por todo el mundo si su salud le permitiera viajar a menudo. Por mi parte, solo lamenté no haber tenido más tiempo para escucharle... y también que se me olvidara pedirle que me dedicara su libro antes de marcharnos de su casa.

* * *

Todo esto venía a cuento a propósito de Karabo y aquel día en que respondió muy convencido que su padre no era blanco o, mejor dicho, *lekgowa*.

Desde su infancia más temprana, el niño ha salido bastante inquieto, con un comportamiento que raya en la hiperactividad y que en ocasiones se traduce en travesuras objeto de bastantes preocupaciones. Con Phillip fuera de la casa todo el día para ocuparse de su trabajo, Hazel se dedica en cuerpo y alma a sus dos hijos. En la guardería de Phalaborwa le dicen que el chiquillo se pasa muchos días llorando sin parar. Otras veces se da cuenta de que tiene que soportar el acoso de sus compañeros. Un día, ya en el curso de preescolar de Meyer's Park, Hazel llega por la tarde para recogerle. No puede dar crédito a sus ojos cuando observa una escena que la deja sumida en un estado de incredulidad: en el patio de la escuela hay una gran aglomeración de niños y un ruido que no le permite entender qué ocurre. Cuando se acerca más, ve al pequeño Karabo en el centro, llorando, rodeado de los otros niños que se ríen porque se ha hecho pis en los pantalones. Mientras tanto, busca a las maestras, a las que encuentra en el interior del edificio muy ocupadas en mirar sus teléfonos móviles, sin que ninguna de ellas mueva un dedo para poner orden. Hazel pide ver al director y eleva una queja, mientras se da cuenta de que al señor parece importarle muy poco lo que le ha contado.

Las rabietas de Karabo no se limitan al interior de la guardería. A finales de 1999, la familia al completo va de viaje a Roma, y de allí siguen de camino a Madrid, donde el día de Navidad el pequeño se pasa toda la misa llorando sin parar, a todo volumen. Después de Navidad viajan con el padre Jaime a Barcelona, donde pasan unos días. Una estatuilla de la Virgen de Montserrat que luce en el salón de su casa se erige como recuerdo de aquel encuentro.

Los padres piensan que la Meyer's Park no está haciendo ningún bien a su hijo y deciden que no siga yendo allí para que pase más tiempo con su madre en casa. «Ser padres es muy difícil y nada ni nadie te prepara para esta tarea. Tienes que aprender sobre la marcha», sentencia Hazel.

Ella y Phillip buscan otra escuela y, fiándose del entusiasmo de Karabo y de las buenas referencias que han oído a algunos de sus amigos en Pretoria, se deciden por la St. Paulus Catholic Primary School, que llevan unas monjas. Allí estuvo de 2004 a 2012. Se encuentra en el este de Pretoria, en el barrio de Brummeria, y sus secciones de Infantil y Primaria se extienden en un hermoso campus de 26 hectáreas en el que los alumnos disfrutan de amplios espacios verdes, con una gran variedad de árboles, arbustos y flores. Su página web anuncia, cómo no, que su proyecto educativo es holístico y que su muy cualificado personal fomenta en los niños los valores de la verdad, el respeto mutuo y la amabilidad hacia sus semejantes.

Si en la guardería donde Karabo ha pasado sus primeros años de escolaridad todos los niños eran negros, en la *St. Paulus* casi todos sus alumnos son blancos. Las clases se dan en inglés y en afrikáans. Hazel, que ya va teniendo un máster en maternidad y a la que esta nueva vida le ha multiplicado su intuición, se da cuenta en seguida de que mucha educación holística y muchos valores sublimes, pero desde el primer día en que ella y Phillip aparecen por allí los maestros, casi todos blancos, no están contentos de ver a una pareja mixta de blanco y negra, como si verlos juntos y, además, felices, les causara alguna molestia. Mientras, las monjas parecen vivir encerradas en un mundo celestial. Hazel piensa que las buenas mujeres serán muy santas, pero no se enteran mucho de lo que se cuece en las aulas del colegio del que ellas son responsables.

Un día, una de las profesoras, una blanca afrikáner, se planta delante de Hazel y le dice sin rodeos:

—Esta escuela no es para su hijo.

Ella no da crédito a sus oídos, pero reacciona con rapidez. Nunca ha sido tímida ni se ha callado cuando alguien ha intentado humillarla. Mira a su alrededor y ve a unos niños chinos que pasean por el patio y dice lo primero que le viene a la cabeza:

—Si aquí pueden aceptar niños chinos, por qué no mi hijo, que es sudafricano.

El hermano de Karabo, Tumi, ha empezado a ir al mismo centro escolar. Un día que Hazel le lleva de la mano, al entrar en el patio se les acerca una niña, blanca por más señas, se le queda mirando fijamente y le pregunta:

—Hola, ¿tú eres la madre de Tumi?

—Sí, cariño, soy su madre.

Y a continuación, la niña le lanza dos preguntas más, sin ningún disimulo a la hora de mostrar sus aires de superioridad.

—¿Qué eres? ¿Limpiadora?

Las secuelas que el *apartheid* ha dejado en la sociedad sudafricana no se muestran solo en las mentalidades de muchos blancos que se siguen sintiendo incómodos teniendo que compartir espacios y responsabilidades con negros. Hace ya algunos años que en barrios de clase media de Pretoria y Johannesburgo donde algunas familias negras están empezando a vivir, libres ya de las trabas impuestas por las leyes que les impedía residir en zonas blancas, se da un fenómeno que da mucho que pensar: según entran a vivir negros, los blancos que pueden venden su propiedad —o ponen fin a su contrato de alquiler— y se van a otras zonas donde seguir viviendo con «los suyos», lejos de sus nuevos vecinos cuya presencia les resulta incómoda.

La peor secuela que ha creado el sistema de segregación en la sociedad sudafricana, y que se sigue arrastrando año tras año, es un ambiente enrarecido, difícil de explicar, que podría describirse como una mezcla de tensión, intolerancia, aislamiento y agresividad que se respira en numerosos ambientes, empezando por las aulas donde estudian los niños de la nueva generación que no ha conocido la época de la que sus padres y sus abuelos sí tuvieron sobrada experiencia.

Un día llaman a Hazel para que acuda a la escuela. Uno de los maestros le dice que durante la mañana ha visto, encima de un pupitre, un cuaderno abierto donde alguien ha escrito varias palabrotas. Le da una extensa charla en la que insiste en que el colegio –sin duda debe de ser por su educación holística– no tolera semejantes vulgaridades y que tomará todas las medidas necesarias para imponer la disciplina, le advierte.

–Ha sido Karabo, su hijo.

Hazel no se deja achantar.

–Enséñeme el cuaderno. Conozco muy bien la caligrafía de mi hijo.

Pero el maestro se niega a enseñárselo y los dos acaban en el despacho del director del centro forcejeando por hacerse con él.

Al día siguiente, Hazel vuelve a ver al director e insiste, de nuevo, en que le muestren el cuaderno, pero el director le dice que no lo tiene.

–No se preocupe, se lo llevaremos a un especialista para que nos dé su parecer.

Hazel se vuelve a casa frustrada y humillada.

No volvieron a llamarla para comunicarle nada sobre las supuestas conclusiones del especialista, del que nunca más oyó hablar.

Karabo, que desde el primer día entiende las humillaciones que él y su madre tienen que soportar, no se deja intimidar con facilidad y cuando siente que es víctima de acoso no se queda de brazos cruzados. Su madre tiene la impresión de que en la escuela llevan ya bastante tiempo buscando una excusa para expulsarle.

Como consecuencia de un accidente doméstico acaecido unos años atrás, el chico tiene un pequeño agujero en una de sus encías. Es una marca física que le ha costado tener que soportar muchos comentarios ofensivos por parte de sus compañeros. Un día, ya con 16 años, una profesora hace un comentario sobre el agujero que se le ve cuando abre la boca. A Karabo no le hace ninguna gracia y responde sin dudarlo:

—Yo tendré un agujero en la boca, pero por lo menos no soy un idiota como su hijo.

El chico al que Karabo se refiere es un hijo de la profesora y estudia en la misma aula.

Parece que la cosa se ha calmado y no ha ido a mayores, pero en el recreo varios de sus compañeros, amigos del chico al que Karabo ha llamado idiota se le acercan y le rodean con ademán amenazante. Todos ellos son jóvenes de complexión fuerte que juegan al rugby. Karabo, que desde hace algunos años desarrolla mecanismos de hipervigilancia y está siempre preparado para defenderse en caso de ataque, les sorprende al sacar de su bolsillo unas tijeras. Las blande como si se tratara de un sable. Se defiende vigorosamente con ellas. El incidente acaba con él mismo hiriéndose en una mano. La escuela gestionó este incidente usando principios de justicia restaurativa y todas las partes terminaron siendo amigas tras una reunión para buscar la conciliación.

Para completar la familia Pare, un día llegó —como caída del cielo— Khosi.

Una de las hermanas de Hazel, Jane Mahlako, se había quedado embarazada de su novio, con el que convivía en Witbank. En 2005 nació una hermosa niña a la que pudieron el nombre de Khosi. La pareja no tenía una buena relación y lo que al principio parecían simples desacuerdos más o menos normales en una pareja, pronto se transformó en un maltrato cada vez más violento hacia la joven. En 2007, cuando Hazel y Phillip acaban de volver de enterrar a la madre de este, los problemas aumentan. Un día, un vecino de Mahlako llamó al matrimonio a medianoche para informarles, muy alarmado, de que Jane estaba en la calle con su niña. Los dos cogen el coche y, todo lo rápido que pueden, llegan a Witbank, donde se la encuentran temblando de miedo y en un mar de lágrimas. Se dirigen a la casa y, ya de madrugada, encuentran a su novio, a quien piden explicaciones. Con una gran frialdad, el hombre les dice que antes de hablar necesita ir a su trabajo para pedir un permiso y que le den el día libre. Allí le llevan. Phillip y Hazel se quedan en la puerta. Pasa una hora… y dos y el joven no vuelve ni les llama por teléfono.

Ante ese panorama, llevan a Jane y a Khosi a su casa de Pretoria. La madre y la niña se quedan allí una semana descansando e intentando reponerse de aquella situación tan desagradable. De Pretoria se van a Setebong, con el padre de Mahlako y de Hazel. Finalmente, el novio llama y suplica a su chica que vuelva, que la va a tratar bien, que lo pasado es mejor olvidarlo y que nunca más va a volver a ocurrir. Mahlako y su hija vuelven con él.

Como suele ocurrir en estos casos, el maltrato no solo se reanuda, sino que empeora.

Hazel, a quien los golpes que da la vida le han enseñado que en momentos de crisis hay que tomar decisiones firmes, llama a su hermana y le dice que corte por lo sano. Mahlako tiene trabajo en una empresa y puede empezar una nueva vida, pero le va a resultar difícil hacerse cargo de su hija ella sola. Al final, Khosi se queda a vivir con Hazel y Phillip, donde encuentra un hogar en el que todos la acogen con amor. Todos... excepto Karabo, a quien no le gusta un pelo ver que, de repente, le ha caído del cielo una hermana cuya presencia no ha solicitado.

Hazel y Phillip no están en su mejor momento económico, pero ella no se acobarda y se pone a vender ropa de segunda mano para poder pagar la escuela a su sobrina, a quien quiere como a una verdadera hija. La lleva a un jardín de infancia cercano donde siguen el método Montessori de educación. Ella siente que, al ser la primogénita, la obligación de ayudar a su hermana en dificultades recae sobre ella. Tras cuatro años en casa, tratándola como a su hija, Jane piensa que ya puede hacerse cargo de la niña y se la vuelve a llevar a Witbank. Hace tiempo que el novio ha desaparecido del mapa, ha podido rehacer su vida y ser independiente económicamente. Pero pronto se da cuenta de que ha sido demasiado optimista y no lo ha previsto todo. Cuando sale a trabajar todas las mañanas, no tiene a nadie con quien dejar a la pequeña, que tiene ya cuatro años. Khosi vuelve otra vez al hogar de Pretoria, donde continuará viviendo, como parte de la familia, hasta los 19 años.

El matrimonio se desvive por proporcionarle la mejor educación posible. Empiezan por matricularla en la Edendale Boarding School, un centro escolar de confesión protestante situado a 20 kilómetros de casa. Todos los fines de semana, la niña los pasa en el hogar familiar.

Pronto comprueban que no les gusta la educación que imparten allí. Les parece que el centro está muy orientado hacia el negocio. Cuando deciden cambiar-la a la escuela primaria de Silverton, en Edendale les entregan un informe que suena a venganza por ha-bérsela llevado: «Khosi no está preparada para pasar a segundo». No tiene más remedio que repetir curso.

Khosi pasa tres años en la Silverton Primary School. Todas las tardes, Hazel, que no en vano ha estudiado Magisterio aunque nunca haya llegado a ejercer, se es-fuerza por ayudar a una niña como ella, que no tiene nivel suficiente, como pronto se dará cuenta.

Hazel y Phillip se volcaron con ella durante muchos años, haciendo todo lo posible para que saliera del es-tancamiento emocional y de aprendizaje en el que se encontraba. Para ayudarla, la llevaron a un psicólogo, quien le diagnosticó problemas de comprensión ver-bal, así como también de lectura y escritura. También contrataron a un maestro particular para que le diera clases de refuerzo en casa.

Khosi se educó en Silverton Primary School, St. Paulus Dominican School y en Pretoria Girls School.

Cuando Khosi estudiaba en St. Paulus, que en sus primeros años estaba dirigido por monjas dominicas, Karabo llevaba ya varios años en el colegio de los Her-manos de La Salle. Era una escuela de buen nivel, no solo académico, sino también con un proyecto educa-tivo basado en valores donde los alumnos aprendían también a tener una orientación en la vida. La mayoría de los alumnos eran negros, razón por la que mucha gente la consideraba una escuela de nivel inferior. Ka-rabo, que había pasado varios años en St. Paulus, salió de allí con una mentalidad clasista, convencido de que los blancos afrikáners eran seres superiores. Mucho

proyecto de educación holística y muchos valores su-
perferolíticos, pero con estas ideas y actitudes salían
de aquel centro los muchachos que habían pasado por
sus aulas. Cada vez que a Karabo le hablaban de alguna escuela, la primera pregunta que hacía –sin duda
para saber cómo catalogarla– era: «¿Cuántos blancos
estudian allí?».

En el certificado de nacimiento de Khosi no figura
el nombre del padre. Hazel lo explica: «Es nuestra cultura. Si el padre no ha pagado la lobola y no hay matrimonio, el padre no tiene ningún derecho y el niño o
niña es solo de la madre».

Capítulo 11

Silverton, mi barrio

«El secreto de la felicidad no está en hacer lo que nos gusta, sino en que nos guste lo que hacemos».
J. M. Coetzee

Mi barrio.

Dos palabras que, pronunciadas juntas y sin necesidad de verbo ni de complementos para formar una frase completa, evocan al común de los mortales sentimientos y recuerdos que nos hacen revivir con nostalgia escenas de juegos infantiles en calles y plazuelas, madres que se sientan juntas a charlar en el parque, amigos y vecinos que comparten un rato en el bar de la esquina, partidos de fútbol en el polideportivo, tiendecitas a las que acudimos durante años y cuyos tenderos fueron nuestros consejeros y confidentes, la panadería que abría temprano para servir el pan y los bollos calientes, el quiosco de la prensa, la parroquia a donde acuden los creyentes los domingos, las canciones de moda, el primer amor, los amigos de siempre, bulliciosas fiestas patronales con música y baile, rostros de personas que llenaron muchos años de nuestra existencia, que fueron desapareciendo, una tras otra, y cuyas ausencias –es ley de vida– nos entristecieron.

En otras palabras, calor humano.

El gusto por estar juntos y ver pasar el tiempo en compañía de los seres que han entretejido los años más entrañables de nuestra existencia.

Y no me refiero solo al concepto de barrio de cultura mediterránea que tenemos en España. He vivido (por vivir entiendo haber residido en el mismo sitio durante un período de tiempo no inferior al año y medio) en cinco ciudades africanas –Kampala y Gulu (Uganda), Goma (República Democrática del Congo), Libreville (Gabón) y Bangui (República Centroafricana)– y también en ellas he disfrutado –incluso en circunstancias adversas– de ese entramado de relaciones sociales tejido a base de rozarse, saludarse por la calle, frecuentar los mismos lugares, ver los mismos partidos de fútbol, acudir a la misma iglesia y compartir cervezas, música, preocupaciones, esperanzas y todo lo que hace que nuestra existencia sea verdaderamente humana.

Añádase a este poder de evocación la fascinación que ejercen los barrios con un fuerte aspecto multicultural, testigos de grandes urbes compuestas de muchas pequeñas ciudades en las que uno puede encontrar un corazón que vibra con ritmos de África, de Pakistán, de Latinoamérica, de países árabes... El Matongué de Bruselas, el Brixon de Londres, el Chateau Rouge de París, el Lavapiés de Madrid... nos invitan a disfrutar de la música, la cocina, el ambiente, el color y el olor de sociedades de otras latitudes que se han asentado en grandes metrópolis y han injertado sus respectivas identidades en comunidades que se han formado durante muchos siglos de historia y que se han enriquecido al recibir personas que empezaron siendo huéspedes y –con el paso de los años y de generaciones– se convirtieron en ciudadanos de pleno derecho que exhiben otras formas de vivir.

Silverton es un barrio residencial de Pretoria que, al menos a primera vista, tiene muy poco de este bullicio de vecinos que se cruzan, se relacionan y comparten las jornadas. Hay personas de distintas procedencias, de dentro y fuera de Sudáfrica, pero cada uno en su casa y Dios en la de todos, sin olvidar que a los africanos que proceden de otros países más les vale no levantar mucho la cabeza ni revelar de dónde vienen, menos aún sentirse orgullosos de sus países de origen mostrando su música, su comida, su vestimenta o cualquier otro detalle que pueda revelar su origen. Cuando en Sudáfrica sube la tensión política y social, casi siempre viene acompañada de una explosión de xenofobia que señala a los ciudadanos de otros países del continente como chivos expiatorios contra quienes descargar la cólera y la violencia. Se los acusa, cómo no, de venir a causar problemas y a robar los puestos de trabajo a los que a los nacionales les resulta difícil acceder.

Además, como en muchas otras partes de Sudáfrica, y debido a la dichosa inseguridad que no hay que tomarse a la ligera, en sus calles, bastante solitarias, la gente circula en coche con los cristales subidos hasta arriba y las portezuelas bien aseguradas. Si a alguien se le ocurre ir dar un paseo a pie o aventurarse a correr haciendo deporte, le resulta poco agradable ser sorprendido por fuertes ladridos de perros –no muy amigables– cada vez que uno, al caminar por la acera, se aproxima a una verja de entrada. Muchas de esas casas, con piscina en el patio trasero, están protegidas por alambre electrificado o cuchillas. Sus ocupantes pueden vivir durante años sin saber quién es su vecino, aunque se haga necesario comunicarse rutinariamente entre el grupo de casas a las que presta sus servicios la misma compañía de seguridad. No hay apenas espacios comunes donde desarrollar una vida social, excepto por los abundantes *shopping malls*[4], donde la gente va a aprovisionarse de casi todo; los gimnasios, donde –según Phillip– muchos blancos no quieren compartir duchas ni vestuarios con negros;, las escuelas, en las que aún existe un cierto nivel de segregación debido, sobre todo, a razones económicas, y los lugares de culto.

Fundado en 1890 como un asentamiento de grajeros blancos de nivel económico más bien bajo, Silverton fue incorporado al este de la ciudad de Pretoria en 1964. Una de las ventajas prácticas disfrutadas por sus vecinos es la proximidad a algunas de las principales avenidas, que hacen que los desplazamientos hacia otros lugares sean bastante fáciles, sin olvidar su emplazamiento próximo al jardín botánico, uno de los lugares más hermosos de la ciudad. Todos los años, durante el mes de octubre, sus miles de árboles de jacaranda florecen de forma exuberante, cubriendo sus calles con una bóveda de artesanado natural teñida de un hermoso color púrpura brillante.

Uno de los lugares de Silverton que levantan el ánimo y recuerdan que, a pesar de todo, Pretoria es una ciudad hermosa, es la colina donde se encuentran los

---

[4] Centros comerciales.

depósitos de agua. Desde lo alto se tiene una vista de toda la ciudad que merece la pena contemplar.

Desde que Phillip vino a dar clases en la Universidad en 2001, el matrimonio Pare se asentó en este barrio, en el que han vivido desde entonces. Como ambos recuerdan, a principios de los años 90 todos sus habitantes –excepto los empleados domésticos– eran blancos. De manera progresiva, con la caída del *apartheid*, el lugar fue acogiendo a personas de distintas procedencias. Hoy los blancos de Silverton se han reducido a la mitad y casi todos tienen el afrikáans como primera lengua. El resto son negros de clase media y algunos *coloureds*.

Su casa es sencilla y acogedora, sin lujos, pero sin que falte de nada para sentirse a gusto. La jornada familiar comienza, los días de diario, a las seis y media de la mañana, cuando ambos caminan unos 15 minutos para llegar a la capilla de la comunidad del postulantado de los misioneros combonianos, donde participan en la eucaristía diaria. Después, de regreso a su hogar, preparan un desayuno consistente, que comparten sin prisas alrededor de una gran mesa redonda en la cocina. Rara vez están solos. Casi siempre tienen como invitados en su casa a familiares o amigos.

Un pequeño jardín al que se accede por una terraza con sillas y una mesita –un rincón ideal para leer o para hablar con tranquilidad– ofrece un espacio tranquilo y agradable que invita a la calma. Pero el verdadero corazón del hogar es una estancia en la que Phillip y Hazel coinciden casi todos los días para trabajar juntos durante varias horas, cada uno en sus respectivas labores, con un pequeño buró con ordenador y unos archivadores, enfrente de una máquina de coser sobre una mesa en la pared opuesta.

Tras haberse hecho cargo del curso propedéutico, dando clases de Física en la Universidad de Pretoria durante siete años, a Phillip se le presenta una oportunidad de empleo nada menos que en la Atomic Energy Board, aquel lugar en el que trabajó hace ya algo más de dos décadas y del que dimitió por motivos éticos, al sospechar que sus jefes utilizaban su trabajo para contribuir a desarrollar un arma nuclear con capacidad para matar a miles de personas. A la agencia se la conoce ahora como Nuclear Energy Corporation of South Africa (NECSA), y sus investigaciones en física nuclear son mucho más transparentes y no tienen finalidad militar. En 2008 realiza una entrevista de trabajo y el mismo día le ofrecen el puesto. Seguramente, cuando dimitió de su empleo en 1984, no podía imaginar que casi un cuarto de siglo más tarde volvería a trabajar en el mismo lugar donde empezó su carrera profesional. Sabe que va a tener que realizar enormes esfuerzos para ponerse al día, por lo que se pone con esa tarea sin tardanza. Allí –sí, en aquel lugar cuya puerta de acceso está al lado del parque de los leones– va a desarrollar hasta 2022 la última fase de su vida laboral. Ese año se jubiló.

Phillip se une a un grupo de 15 empleados que van todos los días al trabajo en un minibús. Después de recorrer 40 kilómetros, los deja en el interior de la NECSA. Al terminar su jornada, el mismo vehículo deja a cada uno en un lugar conveniente.

De maestro de jóvenes desfavorecidos a ingeniero en una agencia de energía nuclear, de la que había salido voluntariamente años antes para dedicarse a la formación de esos chicos. La vida da muchas vueltas y en ocasiones, tras un giro de 360 grados, vuelves a un punto de partida que, sin embargo, no es exactamente la casilla número uno de la que salimos hace ya muchos años porque muchas cosas han cambiado en este trayecto, empezando por nosotros mismos. Phillip trabaja como experto en ingeniería electrónica, pero ahora su actividad no tiene nada que ver con la producción de armas de destrucción masiva. En este segundo período, Phillip gestiona sistemas de aceleración de partículas que generan neutrones empleados con fines industriales o médicos.

Durante estos años en la NECSA, Phillip contribuye a desarrollar un sistema parecido a los rayos X, iniciado por la compañía minera De Beers, que usa neutrones para poder ver por dentro las famosas rocas conocidas como *kimberlite stones, con el objetivo de comprobar si* contienen diamantes. La compañía sudafricana, que se dedica a la extracción de estas piedras preciosas que nutren la industria de la joyería, genera mucho empleo en el país y produce una enorme cantidad de riqueza, lo que ha contribuido a convertirla en un gigante económico. Pero el trabajo que a Phillip le apasiona es todo lo que tiene que ver con la medicina nuclear. Como él mismo explica —con un lenguaje adaptado para un pobre ignorante como yo, cuyas nociones de las partes del átomo quedaron ya en el olvido de los años del Bachillerato—, «inyectas tecnecio a un paciente y la radiación generada permite ver dónde está un cáncer en el cuerpo para poder extirparlo».

* * *

Phillip y Hazel son muy conscientes de que viven en un barrio donde disfrutan de mejores condiciones de vida, pero en el que, como contrapunto, reina un fuerte individualismo. A pesar de todo no se rinden y, como han hecho siempre, se esfuerzan por tender puentes y conocer a sus vecinos, casi todos afrikáners. En Silverton no hay demasiadas oportunidades de vida social, pero intentan aprovechar al máximo las que se presentan. Hazel entra a formar parte de un grupo de mujeres que se reúnen periódicamente para elaborar cestas de flores. Es la única mujer negra del club y afina el oído para intentar seguir sus conversaciones y poder integrarse, pero estas tienen lugar en afrikáans, lengua que ella no entiende. Aunque todas conocen el inglés, no tienen mucho interés en hablar en esa lengua. Al final, Hazel lo deja por imposible.

En otros lugares de Silverton, como los centros escolares, el perfil de las personas que los frecuentan ha cambiado por completo. Muy cerca de la casa de Hazel y Phillip nos detenemos a las puertas del Sylverton High School, una escuela de enseñanza secundaria. Según me explican, hasta hace 30 años todos sus alumnos eran blancos. Hoy, casi todos los estudiantes que frecuentan sus aulas son negros. La mayor parte de los blancos parece que ha emigrado hacia lugares en los que buscan sentirse más a gusto viviendo con «los suyos». Curiosamente, el arco de acceso al recinto de la escuela sigue luciendo el mismo eslogan que hace décadas, en afrikáans: «*Soek in die verlede*», es decir, 'buscando en el pasado'. Hemos ido a dar una vuelta sin prisas y me quedo mirando a los chicos y chicas que salen del cole, exuberantes de vida y ocupados en conversar en voz alta mientras ríen, al emprender el camino de vuelta a casa. Mientras los contemplo, no puedo dejar de preguntarme qué ganas podrán tener estos chicos, que –afortunados ellos– no han conocido el sistema del *apartheid,* de buscar en el pasado, como si en esa muy poco apetecible época se les hubiera perdido algo.

Hay otros sudafricanos que sí prefieren seguir habitando en el pasado y, de paso, hacer la vida difícil a los que viven en el presente e intentan mirar al futuro. No son muchos, pero hacen mucho ruido, parecen estar muy bien organizados y conocen a la perfección las habilidades de la comunicación persuasiva, aunque sea en detrimento de la verdad. Bienvenidos a AfriForum, el foro de los blancos afrikáners nostálgicos del *apartheid* que han encontrado la forma de venderse en el mercado de las *fake news* para embaucar a quienes aceptan su discurso: presentándose como víctimas.

Phillip los describe como personas que intentan reescribir la historia.

AfriForum funciona como un poderoso *lobby*, a modo de laboratorio de ideas y tendencias. Su muy atractiva y puesta al día página web, que han tenido buen cuidado de confeccionar en inglés para llegar a un público más variado, anuncia que sus acciones tienen como finalidad «contribuir a la protección y el desarrollo de la identidad afrikáner, su cultura, su historia y su lengua».

Dotados de investigadores propios que presentan las conclusiones que ellos mismos desean para justificar sus posiciones políticas, AfriForum publica sus propios informes, organiza sus campañas reivindicativas, presenta querellas en los tribunales sobre temas que tocan directamente a su comunidad –reforma agraria, discriminación positiva, ataques contra granjeros, temas culturales...–. Aprovechan también cuestiones que preocupan a todos los sudafricanos, como la inseguridad ciudadana, la corrupción o el coste de la vida para intentar convencer de que antes –cuando mandaban ellos, me imagino– se vivía mejor en Sudáfrica. Uno de sus simpatizantes más conocidos, Elon Musk, consejero del presidente estadounidense Donald Trump[5], ha hecho de altavoz a este grupo para convencer a los que toman decisiones en Estados Unidos de que los blancos son víctimas a los que se trata muy pero que muy mal y les quieren quitar sus tierras.

Es cierto que en Sudáfrica hay gente a la que se trata muy muy mal. Pero uno no se las encuentra en Silverton ni en ninguno de los otros barrios residenciales o granjas donde viven hoy estos herederos del *apartheid*, sino en otros sitios muy distintos.

Una tarde voy en coche con Phillip y Hazel al *township* de Mamelodi, la ciudad dormitorio que durante muchos años fue una de las reservas de mano de obra negra barata de Pretoria y hoy es un inmenso asentamiento en el que sobran frustración, pobreza y desempleo. Recuerdo haberla visitado en 1998. 27 años después, aunque se ven algunos cambios notables como un suministro eléctrico muy extendido, el lugar no parece haber cambiado demasiado. Veo las

---

[5] El 28 de mayo de 2025, Elon Musk anunció el final de su período al frente del Departamento de Eficiencia Gubernamental, que tiene como finalidad la reducción del gasto gubernamental (N. del e.).

mismas carreteras de barro y agujeros y la misma falta de saneamiento. Hemos ido a visitar a una de las primas de Hazel que vive aquí con sus hijos. Su casa, como muchas del barrio, está a medio construir y la señora usa planchas de cartón para tapar las ventanas, por las que entra frío. El saneamiento está asegurado –es un decir– por cabinas prefabricadas situadas en lugares públicos más o menos estratégicos que en seguida se llenan hasta arriba, atraen miles de insectos y despiden un olor nauseabundo, convirtiéndose en focos de insalubridad. Hay sectores, como tengo ocasión de comprobar en Mahube Valley, en los que se ven casitas que aparentan haber sido construidas hace pocos años, más dignas y con todos los servicios esenciales. En otros lugares, mucha gente se ha instalado sin orden ni concierto levantando cuatro paredes con cualquier material de fortuna.

«La mayoría de mis vecinos blancos en Silverton nunca han venido aquí», dice Phillip. No tengo que esforzarme mucho para creerle.

Han pasado tres décadas desde el fin oficial del *apartheid* y una de las realidades más sangrantes del país sigue siendo la enorme desigualdad que pervive entre blancos y negros. Sudáfrica tiene una tasa de desempleo del 40 %, sobre todo entre la población negra. Como suele ocurrir en períodos de crisis, muchos de ellos, desilusionados con el partido en el poder, el Congreso Nacional Africano (CNA), están cambiando sus apoyos a formaciones extremistas que ofrecen soluciones directas y lanzan mensajes no exentos de odio e incluso de incitación a la violencia, como el Economic Freedom Fighters del feroz Julius Malema, o el Umkhonto we Sizwe —el mismo nombre que la rama armada del CNA en tiempos del *apartheid*— del antiguo presidente Jacob Zuma.

Durante los días que estuve en Sudáfrica, me llamó poderosamente la atención una noticia aparecida en la prensa a finales de marzo [de 2025]: el Tribunal Constitucional falló que la canción *Kill the boer* ('Matad al blanco'), un antiguo himno de combate de los años de la lucha *antiapartheid*, cantada en actos públicos por los seguidores de Malema, no constituía un caso calificable como «discurso de odio». El veredicto provocó las iras de AfriForum, que desde 2011 había emprendido una ardua batalla legal. «El caso se convirtió en un desastre que seguirá persiguiendo a los sudafricanos durante muchos años», afirmó un conocido periodista local. «Es difícil imaginar un tema que haya traído más irracionalidad, más miedo, más cólera y más testarudez a nuestro país que esta canción, y los extremistas de ambos lados solo han empeorado las cosas».

La decisión judicial, como era de esperar, sirvió para que los extremistas blancos de AfriForum se reafirmaran aún más en su autopercepción victimista, una imagen que sirve a sus intereses.

Aunque estoy muy lejos de simpatizar con un *lobby* de nostálgicos del *apartheid*, si fuera un blanco sudafricano, personalmente no sé si me sentiría muy a gusto sabiendo que una parte de mis conciudadanos entonan un himno en el que se animan a dispararme.

Algunos pensarán que son expresiones nacidas en un contexto histórico que hay que entender y que no significan que nadie vaya a llevar a cabo la acción de tirar a matar a nadie. Los casos abundan. También el himno de Cataluña, *Els Segadors,* tiene reminiscencias de lucha violenta, y no digamos el himno francés, *La Marseillese,* que habla de empapar los caballones de los campos con sangre impura, pero tengo que reconocer que cada vez que he estado en Cataluña he sentido más peligro para mi salud por un consumo excesivo de butifarra, ofrecida por mis generosos anfitriones, que por la posibilidad de que alguien piense en rebanarme el cuello con una afilada hoz. En Sudáfrica, sin embargo, el contexto parece bastante más complicado.

* * *

Sudáfrica, tres décadas después del fin del *apartheid,* es un caso bastante complejo en el que se mezclan grandes logros con desafíos cada vez más complicados.

Mirando los indicadores macroeconómicos, el país tiene la economía más industrializada de todo el continente africano y el mayor índice de producción. Su infraestructura de autopistas, puertos o sistemas financieros está a la par con la de países desarrollados de otros continentes, aunque a menudo su mantenimiento deja mucho que desear. A pesar de que una buena parte de su población no está contenta con la política de sus dirigentes, hay que reconocer que tiene una Constitución inclusiva e instituciones fuertes como el Tribunal Constitucional que garantizan la estabilidad del sistema y un respeto a las reglas del juego de la democracia y a la libertad de prensa. Tiene abundantes recursos mineros como enormes reservas de oro y platino, una agricultura comercial impresionante, una poderosa industria turística, universidades de prestigio, mercados internacionales y una renta per cápita que está entre las más elevadas de África.

Al mismo tiempo, a los sólidos muros de esta sociedad le han salido grietas que no dejan de extenderse y de amenazar el edificio. Los apagones –que hace pocos años dejaban de repente a grandes zonas del país sin electricidad, durante diez horas al día, e incluso más– revelaron el colapso de la empresa estatal Eskom, y dejan en un estado de minusvalía diaria a numerosas empresas. La inseguridad –una de las más elevadas de todo el mundo– parece no tener remedio. Y de la corrupción, mejor no hablar.

* * *

Los cambios de las últimas décadas han revelado, más que nunca, el aspecto poliforme de Sudáfrica, que se asemeja a un prisma de muchas caras, a modo de caleidoscopio, que uno contempla desde distintos ángulos. Algunas brillan con luz propia. Otras son más opacas o incluso sombrías. Centrar la atención en solo una de ellas nos llevará, sin remedio, a visiones parciales.

«El *apartheid* era un sistema diabólico». Este es el certero balance que hace Hazel de los años anteriores a 1994. Y tiene todo el derecho a decirlo. Las personas negras como ella que lo sufrieron, son las que están calificadas para juzgar aquella época. Pero también los blancos que se beneficiaron de él perdieron, aunque tal vez no se dieran cuenta, una buena parte de su propia humanidad. Nadie, en su sano juicio, puede lamentar la desaparición del sistema de segregación racial que el país vivió durante mucho tiempo y que causó tanto dolor y división.

«Ahora vivimos el peor período de la historia de Sudáfrica», dicen los blancos de AfriForum. ¿Es nostalgia del pasado? Si por ella entendemos echar de menos acontecimientos y situaciones de otros tiempos con los que nos hemos sentido a gusto, no estoy seguro de que a muchos de los defensores de este *lobby* se les pueda llamar nostálgicos, puesto que en sus filas abundan los jóvenes que ni siquiera había nacido cuando Mandela llegó a ser presidente, y difícilmente se puede añorar una experiencia de algo que uno ni siquiera ha vivido.

Por otra parte, es indudable que muchas de las expectativas que la gente que esperaba cambios –sobre todo los negros– habían depositado en el cambio de régimen político no se han cumplido, al menos no como ellos esperaban. Las desigualdades siguen siendo enormes, y lacras como la inseguridad y la corrupción siembran el descontento de todos. A pesar de todo, la gran mayoría de los niños y jóvenes en Sudáfrica estudian hoy en escuelas dignas, viven en casas con electricidad y agua corriente y tienen acceso a servicios de salud de calidad, aunque el país no haya conseguido implantar un sistema de sanidad pública para todos, algo que, por cierto, los nostálgicos del *apartheid* califican como una iniciativa de «izquierda radical».

Hay una categoría minoritaria de sudafricanos que ha sufrido por partida doble: son los blancos que, como Phillip, tuvieron el coraje de salir de su segura zona de confort y tomar partido por sus hermanos negros que sufrían discriminación, acercándose a ellos y tratándolos como hermanos, una actitud que, en muchos casos, significó rebelarse abiertamente contra el *statu quo* o, al menos, tomar decisiones drásticas, como fue el caso de Phillip: renunciar a su bien pagado empleo con la Atomic Energy Corporation y declararse objetor de conciencia. Atreverse a desafiar al sistema durante los años en los que este golpeaba con más fuerza significaba, cuando la persona rebelde era blanca, ser rechazado por su propia comunidad, a veces incluso por la propia familia, exponerse a ser perseguido por la Policía, caer en las redes de la intimidación, ser amenazado, perder oportunidades de promoción... La lista es larga.

Durante las horas que estuve escuchando a Phillip relatar su historia, sin atisbar el menor resquicio de temor o amargura, no pude dejar de preguntarme si las personas como él han recibido el reconocimiento que, en estricta justicia, se merecerían. Aunque tal vez no fueron muchos, sin ellos Sudáfrica sería hoy un lugar mucho menos humano. Sé que ni él ni Hazel pedirán nunca que nadie les dé las gracias, porque si hay una virtud que ambos cultivan con creces es la humildad. Durante el tiempo que pasé escuchando sus vidas, me advirtieron seriamente de que no los alabara demasiado porque, según ellos, «somos humanos y hemos cometido errores». Tengo que confesar que es el único consejo suyo que me he negado a seguir.

Cuando uno entra en la casa de la familia Pare, en Silverton, uno siente una poderosa descarga de humanidad. Este lugar sí que es la nueva Sudáfrica.

Capítulo 12

Los negros hacen mucho ruido en misa

«Dios está al otro lado de las cosas».
Jon Fosse

«La Iglesia católica desempeñó un papel muy importante en la lucha por la justicia».
Nelson Mandela

La parroquia católica San Agustín, en Silverton, tiene un hermoso jardín interior bien cuidado y limpio donde crecen numerosos árboles y florecen rosas, gardenias y gladiolos. Todo es fruto, según recuerdan algunos de sus feligreses, de los esfuerzos de un misionero comboniano de Kenia, el padre Robert Ndungu, que fue su párroco hace unos años y que hablaba a menudo sobre el deber de «cuidar de la creación». Paseando por ese rincón, uno se convence de que predicaba bien con su propio ejemplo. En una ciudad como Pretoria, con un tiempo envidiable, un patio donde predominan el verde, los colores naturales y la frescura invita a la calma para sentarse, celebrar reuniones, rezar o, simplemente, dejar pasar el tiempo contemplando.

Las iglesias, como los humanos, reflejan el carácter del lugar en el que se encuentran. Recuerdo una visita, en 1998, al enorme templo parroquial de Regina

Mundi de Soweto, en la que los cantos corales de sus feligreses negros resonaron con fuerza en sus bóvedas durante décadas como un inmenso grito de libertad. Ese mismo año, en la iglesia que llevaban entonces los misioneros combonianos en Mamelodi, el gran suburbio negro de Pretoria, me quedé con una mezcla de fascinación y dolor al ver el enorme Cristo crucificado que presidía el altar mayor, tallado en madera por un hermano alemán que trabajó allí varios años, y que transmitía el sufrimiento de una población marginada. Los miembros de la Iglesia católica se reconocían en el rostro del Hijo de Dios que les recordaba demasiado bien a caras de amigos y familiares torturados por la Policía o lacerados por la pobreza.

La iglesia de San Agustín, en Silverton, de dimensiones modestas acordes con el tamaño de su feligresía, transmite serenidad. No pude dejar de preguntarme si eso era debido a que sus fieles, que hace tres décadas eran prácticamente todos blancos, habían gozado de una existencia mucho más tranquila y libre de sobresaltos. Hoy conviven en su interior blancos y negros, para los que los tiempos de la segregación son un mal recuerdo que quedó atrás. Hace años, no obstante, la iglesia tenía la mitad de la capacidad que tiene ahora por lo que, al ver que el espacio se quedaba pequeño, el Consejo Parroquial recogió la nada despreciable cantidad de un millón y medio de rands –unos 75 000 euros– para renovar el edificio que, aunque ha ganado en espacio, sigue teniendo unas dimensiones bastante humildes.

En un barrio como Silverton, en el que el aislamiento de los vecinos parece ser la norma general, este templo parece ser uno de los pocos lugares que sirven de punto de encuentro y relación para personas de distintas procedencias.

La Iglesia católica representa alrededor del 7 % de la población de Sudáfrica. Su porcentaje ha decrecido en años recientes, mientras que el de la Iglesia de Sión, aquella en la que Hazel se negó a entrar tras pasar por una mala experiencia de presiones y manipulaciones, no ha dejado de aumentar. Durante las distintas épocas que ha atravesado, siempre con la desventaja que pesa sobre ella de ser una denominación minoritaria, la Iglesia católica se ha encontrado con las prohibiciones que le impusieron los afrikáners calvinistas. Así, pasó por una época en la que fue simplemente tolerada por los británicos, para terminar siendo mirada con profunda sospecha por las autoridades en tiempos del *apartheid*. Desde Roma recibió constantemente discretas pero claras instrucciones de *play it safe*, de ser cautos, prudentes y evitar confrontaciones con las autoridades. Parte de esta política se debió al hecho de que la mayor parte del clero, obispos incluidos, eran extranjeros, y sobrepasar la línea roja de las críticas que podían enojar al Gobierno podía tener como consecuencia la expulsión del país.

El obispo católico más crítico con el sistema de segregación racial fue, sin duda, Denis Hurley, arzobispo de Durban hasta su jubilación en 1992. La circunstancia de ser un blanco sudafricano le daba libertad para hablar en su propio país sin temor a una deportación, aunque no se libró de varias temporadas de arresto domiciliario y de recibir numerosas amenazas de muerte por sus denuncias de abusos de derechos humanos que sufría la población negra. El teólogo dominico sudafricano Albert Nolan, autor de obras de relieve como *Jesús antes del cristianismo* y *Dios en Sudáfrica*, tuvo también frecuentes problemas con la Policía. De vez en cuando tenía que desaparecer del mapa por una temporada para evitar caer en las redes de los servicios secretos.

El arzobispo católico de Ciudad del Cabo, Stephen Naidoo, sudafricano de origen indio, también se enfrentó a las autoridades en tiempos del *apartheid* y participó en varias manifestaciones contra la política de segregación racial, lo que le valió pasar dos períodos de detención, uno de ellos en 1989, un año antes de morir. En 1988, una bomba, seguramente colocada por los servicios secretos, estalló en los locales de la Conferencia Episcopal, conocida como Khanya House, en Pretoria, como un aviso serio. Su secretario, el padre Smangaliso Mkhatswa, fue detenido y torturado salvajemente por la Policía y salió vivo de sus dependencias de milagro. Más tarde se unió al CNA, fue diputado en el Parlamento sudafricano y, posteriormente, alcalde de Pretoria.

En 1998 escuché el testimonio de una religiosa sudafricana, también blanca, ya algo entrada en años, procedente de una familia acomodada, que tuvo su particular conversión (su «camino de Damasco», lo llamaba ella en referencia a la conversión de san Pablo) un día en que una de sus hermanas de congregación la llevó a ver uno de los asentamientos informales de negros que habían sido trasladados a la fuerza desde sus tierras ancestrales. Ella, como era la norma habitual entre los blancos, nunca había estado en un lugar así. Horrorizada, preguntó:

–¿Quién ha traído a toda esta pobre gente aquí?

La respuesta de su acompañante le traspasó el corazón:

–Los has traído tú. ¿No te acuerdas de por qué partido votaste en las últimas elecciones?

Después de aquello, dedicó los mejores años de su vida a trabajar en la Comisión Nacional de Justicia y Paz, labor que le valió –también a ella– ser buscada por la Policía en numerosas ocasiones, además de ser etiquetada como traidora por su propia familia.

En las parroquias católicas uno se encuentra con fotos e imágenes de Benedict Daswa, un maestro y padre de ocho hijos que fue asesinado en 1989, a los 44 años, por sus propios vecinos, por negarse a participar en un ritual de brujería para supuestamente calmar una serie de tormentas que asolaban su pueblo. Diez años después se abrió su causa para ser declarado siervo de Dios. En 2015 fue beatificado en Sudáfrica por el cardenal Amato, que representó al papa Francisco. Un santuario erigido en su honor en la localidad de Tshitanini es hoy un lugar de peregrinación de los católicos sudafricanos quienes, como todos los grupos humanos, necesitan de modelos que les ayuden a afianzar su propia identidad.

* * *

Hazel y Phillip no olvidan que se conocieron en una parroquia y, como remarca él, «es la Iglesia la que nos ha ayudado cuando hemos tenido problemas».

Para corroborar esta convicción, ambos recuerdan con un enorme afecto al padre Robert, quien, además de plantar árboles y podar rosales, dedicó una gran parte de sus esfuerzos pastorales a ayudar a sus feligreses con sus problemas personales. «Nos ayudó mucho en nuestra familia a resolver conflictos con nuestros hijos adolescentes. Había sido maestro antes de entrar en los combonianos y tenía un don especial para tratar con los jóvenes», recuerdan.

Desplegando las dotes de liderazgo que siempre ha utilizado en los distintos lugares donde ha vivido, Phillip ha participado siempre de forma entusiasta en varias actividades de la parroquia, de la que fue presidente del Consejo Pastoral durante varios años. Conocedor del método de catequesis y organización de comunidades eclesiales conocido como Lumko[6], intentó empezar comunidades de base en el territorio de la parroquia. Durante su viaje a Brasil las había conocido de primera mano y encontró en ellas una gran inspiración para ponerlas en práctica en su barrio. Pero pronto se dio cuenta de que Silverton no es una favela de Sao Paulo ni una comunidad rural de gentes sin tierra de Rondonia, por lo que no tardó mucho en encontrar una fuerte resistencia.

«La gente aquí no quiere que vengan otros a su casa, porque lo ven como una intrusión», asegura. «En Silverton, las personas son muy celosas de su vida privada y no quieren que la gente sepa cómo viven. Es curioso, porque en las iglesias protestantes, en barrios residenciales incluidos, existe una fuerte tradición de

---

[6]Lumko es el nombre de un instituto sudafricano de formación pastoral que ha ejercido una notable influencia en países africanos anglófonos.

reuniones de pequeños grupos de estudio de la Biblia en las casas particulares de los feligreses».

Por el contrario, una vez por semana se reúne en uno de los locales de la parroquia un pequeño grupo de *Bible sharing*. Acudo una tarde con Phillip y veo que somos seis. Durante una hora, la gente comenta el Evangelio del próximo domingo e intenta sacar sus conclusiones para la vida práctica.

Con anterioridad, Phillip y Hazel, que siempre entendieron que la fe hay que compartirla y anunciarla, fueron catequistas para preparar a jóvenes al sacramento de la confirmación en la Parroquia San Gregorio Magno, en Makweng, cuando ambos estudiaban Magisterio en la Universidad de Limpopo.

«Allí también empecé siguiendo el método del Instituto Lumko, sobre todo en lengua sepedi. Yo enseñaba a muchachos de 12 o 13 años, pero el foco de las catequesis de Lumko empezaba siempre con una descripción de cómo salir de una situación de opresión, y me di cuenta de que todo eso a los chicos no les decía nada», explica.

En la Parroquia San Agustín, de Silverton, Phillip enseñó también catecismo a jóvenes de alrededor de 15 años, una franja de edad que representa a una generación con muchos de sus miembros afectados por problemas serios de desestructuración familiar: «Me di cuenta de que muchos de ellos tienen una gran falta de comprensión lectora, pero el problema principal es el elevado número de jóvenes que vienen de familias rotas».

Según Phillip, menos del 40 % de los niños en el país viven en una familia estable, lo que no es de extrañar,

porque en la Iglesia de Sudáfrica hay muchos bauti-
zos, pero muy pocos matrimonios. A los adolescentes
les falta la figura del padre. Muchos de ellos viven con
sus abuelas. «Cuando les preguntaba por su dirección,
muchos me daban tres o cuatro, porque no tenían un
único lugar al que pudieran llamar su hogar».

Dado el exiguo tamaño de la comunidad católica
en el país, no hay que esperar grandes multitudes en
las celebraciones. A la parroquia de Silverton suelen ir
unas 220 personas a la misa del domingo, pero curiosamente solo unos diez, como mucho, son blancos. Sin
embargo, en la misa vespertina de los sábados, aunque
el grupo es más reducido, casi todos son blancos.

Phillip, quien siempre ha intentado averiguar el
porqué de las cosas en cada circunstancia, pronto en-
tendió la razón de este desajuste: «He oído varias veces a mis hermanos blancos decir que les parece que
la misa de los domingos, en la que los católicos negros
tienen un magnífico coro, es demasiado ruidosa y que
tampoco les gustan las lenguas en las que cantan muchos de los himnos, en sesotho y en isizulú, ni el tiempo que duran las misas, que les parece muy largo».

Pare forma también parte de un grupo parroquial
formado por hombres, unos 20, que se reúnen los domingos después de la misa. Los sábados por la tarde
hacen trabajos de mantenimiento en el recinto de la parroquia, incluido barrer y limpiar, tareas que en muchos
otros lugares de África —y no solo en este continente—
parecen exclusivas de las mujeres. Tienen también un
grupo de WhatsApp en el que comparten diferentes
preocupaciones. Uno de sus miembros está muy comprometido con la lucha contra el tráfico de personas.

Como ocurrió en muchos otros lugares del mundo, durante el tiempo de la pandemia, en el año 2020, el Gobierno sudafricano decretó el estado de alarma, con un confinamiento muy estricto. Sudáfrica fue de los países del continente donde el virus golpeó con más fuerza, con cifras de fallecidos que superaron las 300 000 personas. Durante ese tiempo, el padre Robert celebraba la misa y Phillip y su hijo Tumi organizaban la parte técnica para su transmisión a través de Facebook.

* * *

En bastantes países de África, como es el caso de Senegal, Malí, Guinea, Sudán o Chad, entre otros, la Iglesia católica es una minoría religiosa en medio de una sociedad mayoritariamente musulmana, aunque sus pocos fieles no le impiden tener una influencia notable en las sociedades en las que están presentes. En otros, como Angola, la República Democrática del Congo o Burundi, los católicos son la mayoría. Los hay también en los que andan casi a partes iguales en las estadísticas con otras denominaciones. El caso de Sudáfrica es algo atípico: la Iglesia católica en este país representa una minoría en medio de una sociedad de mayoría cristiana de otras denominaciones.

Aprovechando esta posición, desde tiempos del *apartheid*, la Iglesia católica sudafricana juega a dos bandas en lo que se refiere a su compromiso social: al mismo tiempo que su Conferencia Episcopal –la SACBC, por sus siglas en inglés– publica mensajes pastorales sobre los distintos temas que afectan al devenir de su sociedad, en determinados momentos juzgados como cruciales trabaja de forma conjunta con el Consejo de las Iglesias de Sudáfrica (el SACC), sobre todo cuando dialogan con las autoridades sobre cuestiones de interés nacional. Durante el tiempo que pasé en el país con Phillip y Hazel, leí en los medios que los líderes del SACC se reunieron con el presidente Cyril Ramaphosa y algunos miembros del Gobierno para tratar algunos temas urgentes, sobre todo la propuesta de un Diálogo Nacional, la lucha contra la corrupción, la preocupación por la inseguridad y el proceso de reconciliación, que sigue siendo uno de los temas inconclusos del país que surgen de forma recurrente.

Según reza una nota de prensa redactada por el Consejo al término de aquella reunión, «el presidente y los ministros acogieron favorablemente la voz profética de la Iglesia y prometieron continuar con la buena colaboración mutua para afrontar estos desafíos nacionales».

Como decía mi padre, con su sobria sabiduría castellana: «Pues que sea para bien».

Agradecimientos

Escribir este libro fue posible gracias a la generosa hospitalidad de Hazel y Phillip Pare, quienes —sin conocerme previamente de nada— me acogieron en su casa de Pretoria y me llevaron por algunos de los lugares que han marcado la vida de ambos en El Cabo, la provincia del Limpopo y en Pretoria. Estoy inmensamente agradecido a ellos por haber dedicado muchas horas de su tiempo a compartir conmigo sus vidas, sus alegrías, sus sueños y también los momentos difíciles por los que tuvieron que pasar, que no fueron pocos. Les agradezco también su paciencia por haber leído y corregido meticulosamente los capítulos de este libro, poniendo sumo cuidado en los detalles, dándome a conocer sus observaciones, según fueron saliendo de mi ordenador.

Gracias también a muchas otras personas que, en Sudáfrica, me acompañaron y aconsejaron durante esos días: a Karabo y Tumi, sus hijos; a Khosi, su sobrina; a Niki, la hermana de Phillip; a Mamokgate, el padre de Hazel; a sus hermanas, Mahlako y Margaret; al periodista y sociólogo sudafricano Tony Harding, y a los misioneros combonianos de Silverton y de la parroquia de Mahube Valley, en Mamelodi.

Agradezco también a las personas que han leído pacientemente el manuscrito y que han contribuido con sus valiosas sugerencias y correcciones: Unai Aranzadi, Gaetán Kabasha, Christine Mbuyi, Rafael Armada, Marisa Ayestán, Francisco Xavier Sánchez, Alfonso Blas, Javier Fariñas y Leticia Silvela. Sus aportaciones han elevado la calidad del texto y son garantía de que los datos son correctos. Los posibles errores son solo míos.

Y, por último, un agradecimiento especial al padre Jaime Calvera, director de la Editorial Mundo Negro, quien tuvo la idea de escribir este libro y me animó desde el primer momento a llevar el proyecto a buen puerto. Él mismo es parte de esta historia maravillosa por lo que tiene de profunda humanidad. He hecho todo lo posible para que este libro la refleje con todo el esplendor que se merece.

Anexo I

Cronología básica de Sudáfrica y de la vida de Phillip y Hazel Pare[7]

Período precolonial

Siglo IV. Migrantes bantúes venidos del norte empiezan a establecerse en el territorio de lo que hoy es Sudáfrica. Comienzan a relacionarse con los pueblos indígenas san y khoikhoi.

1488. El portugués Bartholomeu Dias es el primer europeo en llegar al punto más meridional de África.

1497. Una expedición portuguesa, liderada por Vasco da Gama, llega al cabo de Buena Esperanza. Pocos años después, los portugueses establecen puestos donde aprovisionar sus barcos en su ruta hacia la India.

1652. La Compañía Holandesa de las Indias Orientales (VOC) establece un puesto permanente en El Cabo.

1685. Una segunda oleada de emigrantes europeos, los hugonotes franceses, que huían de la persecución religiosa desatada en su país, empieza a establecerse en El Cabo.

Finales del siglo XVII-principios del siglo XVIII. La VOC inicia el traslado a sus colonias a cerca de 70 000 esclavos procedentes de Indonesia, Madagascar y Malasia. Este grupo empieza a formar la población

---

[7] Las fechas que tengan relación con la vida de la familia Pare estarán marcadas con un asterisco.

que más tarde se conocerá como *coloured*. Al mismo tiempo, la lengua afrikáans comienza a recibir influencias lingüísticas de Malasia.

Colonización y expansión

1795. Fuerzas británicas arrebatan la colonia de El Cabo a los holandeses.

1816-1826. Shaka Zulu funda y expande el Reino zulú, dotado de una gran fuerza militar.

1835-1840. Tiene lugar el Gran Trek, una emigración masiva de colonos holandeses, los bóeres, que salieron de la colonia de El Cabo y se establecieron en el Estado Libre de Orange y el Transvaal.

1838. Batalla del Río Sangriento entre colonos holandeses y fuerzas zulúes.

1852. Gran Bretaña concede una autonomía limitada al gobierno del Transvaal.

1860. Comienza la migración de indios a Sudáfrica, llevados por los británicos para trabajar en las plantaciones de caña de azúcar en la provincia de Natal.

1886. El descubrimiento de minas de oro en Witwatersrand atrae más migración europea y acelera el crecimiento económico.

1877. Gran Bretaña se anexiona el Transvaal.

1879. Tras una primera victoria por parte de los zulúes en la batalla de Isandlwana, las fuerzas británicas infligen varias derrotas a los zulúes.

1880-1881. Primera guerra Anglo-Bóer.

1899-1902. Segunda guerra Anglo-Bóer, que concluye con la victoria de los británicos y el control de Gran Bretaña sobre las repúblicas bóeres.

Unión y *apartheid*

1910. Se establece la Unión Sudafricana, formada por la unión de las colonias británicas y las repúblicas bóeres.

1912. Se funda el Congreso Nacional Africano para defender los derechos de los negros sudafricanos.

1913. Se promulga la Ley de Tierras de los Nativos, que restringe el derecho de los negros sudafricanos a poseer tierras.

1914-1918. Sudáfrica participa en la Primera Guerra Mundial en el bando de los aliados contra Alemania.

1923. *Nace Charles Maurice Timothy, padre de Phillip Pare, en Nedelburg.

1948. Llega al poder el Partido Nacional, que representa los intereses de la población blanca de habla afrikáans. Se impone la política del *apartheid*, un sistema de segregación racial refrendado por leyes.

1958. *Mayo. Phillip Pare nace en Johannesburgo. En junio la familia se traslada a Elgin, en la provincia de El Cabo Occidental.

1960. 21 de mayo. La Policía dispara contra cientos de personas que se manifestaban de forma pacífica en el *township* de Sharpeville, matando a 69 de ellas. La ONU estableció esa fecha como Jornada Mundial contra la Discriminación Racial.

1961. Sudáfrica se separa de la Commonwealth.

1962. Nelson Mandela, líder del Congreso Nacional Africano, es detenido y encarcelado.

1963. *Hazel nace en Benoni, en la provincia de Gauteng.

1968. *Phillip se traslada a Ciudad del Cabo para continuar su educación primaria en el internado de la Bishops School.

1976. En el township de Soweto, durante una manifestación pacífica de estudiantes que protestaban contra la imposición del afrikáans como lengua de instrucción en las aulas, la Policía dispara. Más de 175 personas, la mayoría niños, murieron a causa de las balas.

1977. *La familia de Hazel se traslada a Setebong. Al año siguiente, Hazel empieza sus estudios de Primaria en la escuela de Sebjaneng.

1979. *Phillip se gradúa en Ingeniería Electrónica en la Universidad de El Cabo.

1980. *En enero, Phillip empieza a trabajar en la Atomic Energy Board. En junio, comienza su primer período de servicio militar de dos años.

*Hazel comienza Secundaria en el Guardian Angels College en Glen Cowie.

1984. El arzobispo Desmond Tutu recibe el Premio Nobel de la Paz.

*Phillip dimite de su puesto en la Atomic Energy Corporation.

1985. *Phillip comienza a dar clases en St. Mark's College, en la ciudad de Jane Furse.

*Hazel termina Secundaria en el Guardian Angels College.

1988. *Hazel es empleada por la misión católica de Glen Cowie como secretaria de la parroquia, cargo que desempeña hasta 1994.

*Phillip se declara objetor de conciencia. Es enviado a realizar un servicio civil sustitutorio en Lydenburg, donde estará dos años.

Final del *apartheid* y comienzo de la democracia

1989. F. W. de Klerk se convierte en presidente de Sudáfrica y comienza el proceso de desmantelamiento del *apartheid.*

1990. En febrero, Nelson Mandela sale en libertad tras 27 años en la cárcel.

Comienzan las negociaciones entre partidos políticos y el Gobierno para una transición pacífica.

*Phillip retoma su trabajo como profesor en St. Marks' College.

1991. *Phillip Pare pasa varios meses viajando por Brasil.

1992. Los enfrentamientos violentos entre partidarios del Congreso Nacional Africano y del Inkhata Freedom Party ponen en peligro la transición hacia una democracia inclusiva.

1993. *Phillip deja su puesto en St. Mark's College para dedicar un año al estudio de la lengua sepedi en Mamone.

1994. Sudáfrica celebra sus primeras elecciones democráticas sin discriminación racial. Tras la victoria del

Congreso Nacional Africano, Nelson Mandela es elegido presidente.

1995. *Hazel y Phillip comienzan, al mismo tiempo, estudios de Magisterio en la Universidad de Limpopo.

1996. *Enero. Phillip empieza un nuevo trabajo como profesor en Bopedi Bapedi High School en Ga-Marishane.

*Abril. Hazel y Phillip contraen matrimonio en la iglesia parroquial de Glen Cowie.

*Phillip deja su puesto en Bopedi Bapedi High School y vuelve a Jane Furse para trabajar como maestro en la St. Mark's Primary School.

Diciembre. Sudáfrica promulga su nueva Constitución, basada en el respeto a los derechos humanos y la igualdad de todos sus ciudadanos. Entra en vigor en febrero de 1997.

1997. *Junio. Phillip dimite de su puesto en St. Mark's Primary School debido al rechazo de los padres a su método de usar el sepedi como lengua de instrucción.

*Phillip trabaja durante cuatro meses con el Primary Science Programme.

1998. *Phillip empieza a trabajar con la Phalaborwa Foundation.

La Comisión para la Verdad y la Reconciliación publica su informe final.

1999. *Mayo. Nace Karabo Pare.

Junio. Thabo Mbeki se convierte en el nuevo presidente de Sudáfrica. El país hace frente a la pandemia del sida y la esperanza de vida media en el país cae a los 49 años.

2001. *Febrero. Hazel y Phillip viajan a Taiwán para participar en la International Science Exposition.

*Mayo. Phillip termina su trabajo en la Phalaborwa Foundation. El matrimonio se trasladan a Marble Hall, donde él trabaja durante un mes con la Science Expo.

*Septiembre. La familia Pare se traslada a la capital, donde Phillip comienza un trabajo de profesor de Física en la Universidad de Pretoria.

*Diciembre. Nace Tumi, el segundo hijo de la familia Pare.

2005. *Diciembre. Mahlako, la hermana de Hazel, da a luz a una niña que recibe el nombre de Khosi.

2008 *Phillip comienza a trabajar en la Nuclear Energy Corporation of South Africa (NECSA). Finaliza en 2022.

2009-2018. Bajo la presidencia de Jacob Zuma se multiplican los casos de corrupción en el país.

2018. Cyril Ramaphosa es elegido presidente de Sudáfrica.

2020. Sudáfrica se convierte en uno de los países del mundo más afectados por el coronavirus. Fallecen más de 300 000 personas.

Anexo II

Bibliografía[8]

Carlin, J. (2009). *El factor humano*. Seix Barral.

Carlin, J. (2013). *La sonrisa de Mandela*. Editorial Debate.

Coetzee, J. M. (1999). *Desgracia*. Editorial Debolsillo.

Fairbanks, E. (2023). *Los herederos*. Editorial Península.

Galgut, D. (2022). *La promesa*. Libros del Asteroide.

Gordimer, N. (1983). *La gente de July*. Editorial Grijalbo.

Lapsley, M. (2014). *Reconciliarse con el pasado*. Editorial San Pablo

Mandela, N. (2013). *Largo camino hacia la libertad*. Editorial Aguilar.

Matlwa, K. (2020). *Nuez de coco*. Editorial Alpha Decay

Nolan, A. (1989). *Dios en Sudáfrica*. Editorial Sal Terrae.

Paton, A. (2013). *Llanto por la tierra amada*. Ediciones Palabra.

Peter, A. (1991). *Palabras de libertad*. Editorial Mundo Negro.

Rive, R. (1986). *Buckingham Palace, distrito sexto*. Editorial Alcor.

Ross, R. (2006). *Historia de Sudáfrica*. Ediciones Akal.

Trevor, N. (2017). *Prohibido Nacer: Memorias de racismo, rabia y risa*. Blackie Books.

Tutu, D. (2012). *Sin perdón no hay futuro*. Editorial Peniel.

---

[8] En esta bibliografía se recomiendan solo obras editadas en castellano.